Stéphane Clerget - Noélie Viallet

L'amour

100 % ado

À mes premiers amours, S.C.

À celui que j'aime, N.V.

Illustrations : Lucile Gomez

bayard jeunesse

Le thème

Chaque chapitre aborde l'un des aspects du vaste sujet qu'est « l'amour », en partant des lettres des adolescents, de leurs témoignages et de leurs questions.

On se dit tout

Toutes les lettres citées ont été envoyées à *Okapi* par des lecteurs et des lectrices du magazine. Leurs prénoms ont été modifiés. Tous ont reçu une réponse personnalisée.

La réponse de Noélie

La journaliste Noélie Viallet donne une réponse générale à toutes les lettres rassemblées dans le chapitre. Même si chaque lettre n'a pas sa réponse particulière, chacun peut y trouver des pistes qui correspondent à ses questions.

Pour aller plus loin

Comme la réponse n'aborde pas tous les aspects de la question, le pédopsychiatre Stéphane Clerget prolonge la réflexion, développe certaines idées et propose d'autres pistes aux ados.

Si tu veux à ton tour écrire à Okapi, adresse ta lettre à **Okapi/on se dit tout, 18, rue Barbès, 92128 Montrouge Cedex** sans oublier d'indiquer ton adresse. Tu peux aussi envoyer un e-mail à **okapi@bayard-presse.com** ou te connecter au site **www.okapi-jebouquine.com**

Bienvenue à toi, qui ouvres ce livre ! Disons-le d'emblée, cet ouvrage ne te donnera pas la clef de la mystérieuse alchimie de l'amour ! C'est plutôt une proposition, une invitation à réfléchir à ce sentiment si particulier, pour maintenant et plus tard.

L'amour est un continent tellement personnel, chargé d'émotions, d'interrogations... Il y a ce qui se dit devant tout le monde et ce qui se vit dans le secret de ta tête, de ton cœur, de ton intimité. Chaque famille peut avoir son avis, ses traditions et sa manière d'éduquer ses enfants à la vie affective. L'amour nous ouvre, nous questionne, peut nous faire vaciller. Ce qui est sûr, c'est qu'il nous fait exister !

Nous sommes partis de vos lettres, reçues à la rédaction du magazine *Okapi*, de témoignages d'ados rencontrés au collège et qui ont accepté de nous parler un peu d'eux et de leurs histoires. Avec Stéphane Clerget, nous avons apporté, pour chaque thème, un éclairage et des pistes de réflexion à partir de son expérience de pédopsychiatre et de mon savoir-faire de journaliste ayant répondu pendant plusieurs années à vos courriers.

Tu peux choisir de lire cet ouvrage dans son entier ou bien de piocher ici et là des éléments d'information sur les points qui t'intéressent. Il est forcément incomplet ! N'hésite pas à prolonger la discussion avec tes amis, tes parents, le ou les amoureux qui partageront ta vie. L'amour est peut-être le domaine où l'on peut être le plus créatif ! Il est à la fois quelque chose qui nous tombe dessus, et un projet qu'on construit, qu'on invente, qu'on façonne... En tous cas, nous espérons que ce livre t'invitera à vivre l'amour, à ta manière et à ton rythme.

Bonne lecture !
Noélie Viallet

« Plein de formes d'amour...

on se dit tout

« *L'amour, ce n'est pas que quand on est amoureux. C'est aussi quand on aime sa mère, on aime bien la voir. Si elle mourait, on serait triste.* »

Paul, 11 ans

« L'amour, on en a besoin. Même les pires gens du monde en ont besoin, sinon ils n'existeraient pas. C'est obligatoire ! L'amour, c'est une des raisons de vivre. Si on ne recevait pas d'amour, je ne pense pas qu'on pourrait vivre heureux. »

Elsa, 14 ans

« *Une vie doit tout le temps contenir de l'amour. Sans l'amour, la vie n'a pas de valeur... même si on aime plein de choses différentes.* »

Amélie, 12 ans

« L'amour, c'est quand on éprouve un sentiment très fort pour quelqu'un, c'est se sentir attaché à quelqu'un. »

Hicham, 13 ans

« Je suis célibataire, mais je cherche le grand amour. J'aime pouvoir compter sur mes vrais amis, rigoler avec eux et passer du bon temps. Pour ces gens-là, je répondrai toujours présent quand ils auront besoin de moi. J'aime aussi beaucoup le sport (plus précisément le badminton). La musique que je préfère c'est le rock et la techno. Je n'aime pas les fayots et ceux qui se la "jouent". »

Romain, 14 ans

« *J'ai encore besoin de mon doudou tous les soirs. Je ne peux pas m'en passer.* »

Julie, 15 ans

« Moi, j'aime l'écriture et la lecture. Ça représente beaucoup de choses, un moyen de liberté, d'extérioriser ses sentiments, sans violence, même si des mots peuvent être brutaux. Depuis toute petite, j'ai toujours aimé tracer les mots, lire et écrire. »

Manon, 14 ans

« Moi, je n'aime pas l'école... Comment faire pour l'aimer ? »

Jessica, 14 ans

« Plus tard, j'aimerais être médecin car j'aime bien soigner les gens. J'aime tout le monde, je suis très généreux. Quand je vois des clochards dans la rue, j'ai envie de les aider. Je dis à mon père de leur donner de l'argent. L'amour, il faut le donner à tout le monde ! »

Martin, 11 ans

« Mon père est tunisien, ma mère est tunisienne. J'aime mon pays, mes origines, la Tunisie. Je passe toutes mes vacances là-bas. Les gens sont accueillants, j'ai beaucoup de famille qui y habite. C'est une terre familiale, c'est la liberté, les vacances, la plage, le soleil. »

Mina, 14 ans

« J'ai un chien qui s'appelle Jojo. C'est un caniche et je ressens de l'amour pour lui. Je m'attache beaucoup à lui. Dès qu'il me voit, il vient vers moi. Il y a un lien entre lui et moi. Il ne comprend pas la langue française, mais on se comprend quand même. Il est plus attaché à moi qu'aux autres parce que c'est moi qui m'occupe de lui. Il m'apporte un réconfort. J'ai plus envie d'aller vers lui quand je suis triste. Quand je lui parle, je me sens mieux. »

Sophie, 14 ans

« Avec mon pull à carreaux, on me traite de vieux des années 80.
Mes amis ne l'aiment pas trop !
Mais c'est ma grand-mère qui l'a tricoté. Et mon père l'a porté. Moi, je le mets parce que j'aime bien mon papa. Et puis ça fait vivre une histoire de famille. »

Oscar, 11 ans

« L'amour est quelque chose d'intime. »

Hugo, 11 ans

la réponse de Noélie

Il y a amour et… amour

Quand on prononce le mot « amour », on pense souvent à l'amour « amoureux ». Mais l'amour ne se résume pas à cela. Nous avons une incroyable capacité à aimer, dans tous les domaines ! Voici une petite revue de ce qu'on peut aimer, un peu, beaucoup, ou… à la folie.

Tout ce que j'aime

As-tu déjà tenté cette expérience ? Prendre une feuille blanche, et écrire sous forme de liste tout ce que tu aimes. On peut aimer : son amoureux, ses parents, ses amis, son petit cousin, son chien, la couleur verte, les salopettes, un chanteur, un jeu vidéo, tel roman ou tel tableau, la tarte aux pommes, les vacances en Corse, danser ou faire du roller, ou encore aimer commander, s'aimer soi-même, aimer la nature, l'humanité, Dieu ou la vie !
Un jeu intéressant à faire entre amis ou en famille pour apprendre à se connaître… Car ce que l'on aime dit beaucoup de nous.

Les remous de l'amour

Comme nous évoluons toute notre vie, les amours que nous éprouvons changent aussi. Ils peuvent naître d'un coup ou doucement, durer quelques mois ou toute la vie, disparaître en un clin d'œil ou s'éteindre progressivement... Par exemple, on peut se mettre à apprécier les fruits de mer alors qu'on les détestait, ou supporter de moins en moins quelqu'un alors qu'avant on était collé à lui. Sans compter que l'amour se vit à chaque fois avec des intensités différentes : de la simple envie (« J'aime les glaces quand il fait chaud »), à la passion torride (« S'il quitte le collège l'année prochaine, je ne pourrai plus vivre ! »), en passant par le lien paisible (« J'aime cette maison parce que je m'y sens bien »).

La tarte aux pommes, les rollers, la nature, les vacances... ce que l'on aime dit beaucoup de nous.

Quel mystère !

La langue française possède de nombreux verbes pour dire l'amour : « j'apprécie », « ça me plaît », « j'ai de l'affection pour », « ça compte pour moi », « je craque pour », « j'adore», «je raffole », « je suis fou de», « je chéris », etc. Mais aucun ne peut réussir à vraiment cerner ce qu'est l'amour ! Il est si mystérieux. Surtout l'amour « amoureux », celui qui fait le plus rêver. À son évocation se déclenche un petit sourire, et s'ouvre dans notre tête un espace de ciel bleu où l'on se laisse bercer... Tous les romans, films, séries ou mêmes ouvrages psychologiques n'auront jamais fini de le saisir !

Une force vitale

Le point commun à toutes ces formes d'amour, c'est cette force au fond de nous qui nous pousse vers une chose ou un être, qui nous attire et nous touche, comme si elle ou il nous appelait. On ne le choisit pas vraiment, on le ressent au fond de soi : c'est ce qu'on appelle un sentiment. Un sentiment qui nous procure de la paix, de la joie, de l'énergie (« Youpi, je vais voir mamie ! ») ou au contraire de l'angoisse, de la peine, de la fatigue (« Elle est partie, quand la reverrai-je ? »). Un sentiment si intime que l'objet de notre amour fait partie du tissu de notre vie : on est prêt à y consacrer du temps, on y pense, et quand il n'est plus là, il nous manque ou on le désire. Le désir, c'est ce mouvement d'amour qui nous pousse à aller de l'avant, à sortir de nous-même pour aller à la rencontre de ceux qu'on aime ! L'amour, finalement, c'est ce qui nous rend vivant.

avec **Stéphane Clerget**

pour aller plus loin

> Pourquoi y a-t-il autant de formes d'amour ?

Parce que l'amour, c'est « prendre du plaisir avec ». Comme il y a plusieurs types de plaisirs, il y a plusieurs formes d'amour. Une balade à vélo avec des amis donne à la fois le plaisir d'être avec des gens qu'on aime, et le plaisir de l'activité elle-même.
Une personne peut également nous donner plusieurs types de plaisirs. D'abord, un plaisir intellectuel : on aime discuter avec elle. Ensuite, elle nous permet de faire des activités qu'on ne pourrait pas faire seul. Du plaisir physique aussi : une bise à sa mère ou à son amoureux, ce sont des contacts physiques que l'on aime bien. Et enfin un plaisir lié aux sentiments, d'amitié ou d'amour : c'est le plaisir que nous procure la simple présence d'une personne, mais aussi le fait de savoir qu'elle nous aime.

> Comment se fait-il que chaque personne aime des choses différentes ?

C'est lié à toutes nos expériences, à tout notre voyage de vie ! Souvent, on aime une chose parce qu'elle nous en rappelle une autre. Par exemple, on peut aimer une couleur parce qu'elle nous rappelle les yeux de notre mère ou la couleur de la chambre dans laquelle on a grandi. Si on s'attache à un petit chat, mais pas à un

petit cafard, c'est en partie parce qu'avec ses yeux, sa bouche et son nez, il nous ressemble ! On peut aimer une peluche parce qu'elle remplace et représente notre mère, ou notre amoureux si c'est lui ou elle qui nous l'a offerte. Et puis, la famille dans laquelle on a grandi et l'éducation que l'on a reçue peuvent aussi orienter notre façon d'aimer. Donc, on ne maîtrise pas l'amour, il nous dépasse.

> Pourquoi aime-t-on avec une plus ou moins grande intensité ?

Il y a une hiérarchie dans l'amour, mais cela dépend de chaque personne, ainsi que des âges de la vie. Par exemple, il y a des gens qui ne peuvent pas monter très haut dans l'intensité d'amour, qui ont des freins en eux. Tout le monde n'est pas apte à être passionné. Et puis il y en a qui s'emballent et montent tout de suite au 6e étage, sans être capables de passer par le 1er et le 2e... On peut aussi aimer quelqu'un, mais ne pas tout aimer en lui : aimer certaines parties mais pas d'autres.

> La capacité à aimer, l'a-t-on dès la naissance ?

Contrairement aux animaux, notre amour n'est pas programmé à la naissance. Eux sont soumis à leur instinct. Par exemple, le papillon mâle est programmé pour aller vers le papillon femelle quand elle dégage un certain produit chimique. Il ne réfléchit pas et il ne fait pas de choix. Nous, ce n'est pas pareil, on naît avec une capacité à aimer – c'est génétique –, mais la façon dont on va aimer n'est pas programmée. Chez l'être humain, l'amour s'apprend. Et pour apprendre à aimer, il faut qu'on nous aime.

> Avons-nous besoin d'amour pour vivre ?

Oui, et c'est aussi ce qui nous différencie de l'animal. Lui, il peut se débrouiller rapidement tout seul. Nous, non. Nous avons besoin d'autres personnes pour nous aider à grandir. Si un enfant restait tout seul, sans personne à aimer ni qui l'aime, il ne pourrait pas aimer. Et même, il dépérirait. C'est notre fragilité, mais aussi notre force. Car comme on est dépendant d'autres personnes, on se nourrit d'elles : aimer permet d'apprendre des choses, et ainsi, de développer notre cerveau !

On ne maîtrise pas l'amour. Il nous dépasse.

> Alors il n'y a que les êtres humains qui aiment ? Les animaux ne sont-ils pas capables d'amour ?

Les gens considèrent souvent que les

animaux aiment comme les hommes. Mais il faut différencier l'amour de l'attachement. Tout comme nous, les mammifères sont capables de s'attacher. Quand un petit bébé ou un petit animal naît, il s'attache à celui qui s'occupe de lui. Mais le sentiment amoureux est propre aux êtres humains. Vous pouvez tomber amoureux de quelqu'un qui ne s'occupe pas de vous, et même de quelqu'un que vous ne connaissez pas vraiment, que vous avez juste croisé. C'est la dimension imaginaire de l'amour.

> Si on veut se forcer à aimer quelque chose, peut-on y arriver ? Par exemple, si on veut essayer d'aimer l'école ou un plat qu'on n'aime pas, ou si on veut tomber amoureux...

On peut essayer de créer un plaisir par répétition : à force de fréquenter quelqu'un ou de goûter quelque chose, on peut finir par l'aimer. On peut aussi se rendre plus disponible, aller vers les autres, pour favoriser la rencontre amoureuse. Mais on ne peut pas décider volontairement d'aimer ou pas. C'est comme si l'amour était insufflé d'en haut, on ne le maîtrise pas par la volonté ! Mais dans la vie, il y a des choses que l'on est bien obligé de faire, même si on ne les aime pas : aller à l'école ou être poli, par exemple. Comme on n'a pas le choix, mieux vaut apprendre à les apprécier.

> Parfois, on ne sait pas vraiment ce que l'on aime. Comment cela se fait-il ?

Cela peut être parce qu'on n'y a pas goûté. Quand on ne connaît pas, on ne peut pas aimer. L'amour s'expérimente. C'est en goûtant un nouvel aliment, en pratiquant une nouvelle activité, ou en débutant une relation avec quelqu'un, qu'on va ensuite savoir si on l'aime ou pas. Ensuite, si on n'arrive pas à choisir, c'est plutôt qu'on ne sait pas ce que l'on « préfère ». Il n'est pas toujours facile de hiérarchiser ce que l'on aime, et tout n'est pas comparable.
Par exemple, il est difficile de dire si on préfère son père ou sa mère, ou tel ou tel ami. Car, souvent, on les aime pour des raisons différentes. Quand on est amoureux, c'est différent. Là, c'est un sentiment unique, qui nous bouleverse et nous transforme au plus profond.

> Pourquoi au collège aime-t-on souvent les mêmes choses que ses amis ?

Bien sûr, il y a des effets de mode. Quand on est ado, on aime en général ce qui est dans l'air du temps, ce qui est nouveau. Pourquoi ? Parce c'est justement un âge où l'on se sent tout neuf. Affirmer « j'aime ! », « je n'aime pas ! » ou « ça, je déteste ! » est une façon de se rassurer, de marquer les frontières, quand on n'est pas encore forcément très sûr de ce qu'on aime. D'où le succès des marques de vêtements. Et puis, vers 13-14 ans, au lieu d'imiter les plus grands, on s'imite entre copains. Sans doute parce qu'à cette période de la vie les différences sont importantes entre personnes de la même tranche d'âge : certains sont pubères, d'autres pas encore, certains ont beaucoup grandi, d'autres sont restés petits, etc. Comme ce que vous ressentez à l'intérieur de vous est tout nouveau, vous vous croyez à part, et différent des autres. Prendre modèle les uns sur les autres est une manière de se regrouper, de ne pas s'exclure. Du coup, un même groupe d'amis a tendance à aimer les mêmes choses. Il peut y avoir des exceptions, mais c'est plutôt au lycée qu'on commence à cultiver sa singularité, à oser affirmer des choses très personnelles et différentes des copains.

« Famille, l'amour au jour le jour...

Mon arbre généalogique

on se dit tout

« *Papa, maman...*
Je vous aime ! »

Jules

« Quand mon petit frère n'est pas là, il me manque un peu et quand il est là il ne me manque plus du tout ! Au fond, on s'aime mais on ne se le montre pas souvent. »

Karine, 12 ans

« J'ai l'impression d'être de trop dans ma famille. Mon frère me déteste, en tous cas c'est ce qu'il dégage, ma mère, un jour elle m'aime bien, l'autre elle me déteste, et mon père je ne sais pas trop. Qu'est-ce que je dois faire pour être "bien" vis-à-vis de ma famille ? »

Juliette, 12 ans

« Je m'amuse beaucoup avec mes parents : on joue à des jeux de société et pendant que ma mère prépare ses cours, je lui raconte des blagues. Avec mon père, on va souvent chez ma grand-mère. Il travaille beaucoup, donc je suis plus avec ma mère. Mais quand il rentre, il vient me faire un bisou, et regarde si tout va bien. Je sais que je peux compter sur lui s'il y a un problème. Et si je pleure, il me réconforte. Il me dit souvent qu'il m'aime. Ma mère, elle, m'appelle "mon soleil", "ma puce", ou "ma crevette". Il n'y en a pas un que j'aime plus que l'autre ! Si mes parents divorçaient, j'aurais du mal... L'amour entre mes parents, pour moi, c'est très important ! »

Jessica, 11 ans

« Mes parents, je les aime énormément. Ils veulent que je réussisse, c'est ça que j'aime bien. »

Alexis, 11 ans

« J'ai un problème : je suis amoureuse de mon demi-frère. En fait, c'est le fils du copain de ma mère. Je pense qu'il m'aime parce qu'on est tout le temps ensemble (enfin presque...). On se dit tous nos secrets. Peut-être qu'on est juste de très bons amis et qu'on a une relation juste sympathique ? Mais je pense qu'il y a plus que ça. Dois-je lui avouer mes sentiments ? »

Constance

« Je n'ose pas dire à ma mère que j'en ai marre qu'elle continue à me faire des câlins. »

Sébastien, 13 ans

« Je vais déménager avec la copine de mon père et son fils, mais je les déteste, et ma sœur aussi. Comment faire pour m'en débarrasser sans le dire à mon père ? »

Ikram, 12 ans

« J'ai un énorme problème depuis des années, que je n'ai jamais résolu : souvent avec ma mère on se dispute, mais cinq ou dix minutes après on se réconcilie. Mais voilà, j'ai beaucoup de mal à demander pardon, et quand je le fais, il y a comme une petite voix en moi qui me dit : "Tu vas le faire, parce que ta mère t'est encore utile !" Et quand j'entends cette voix, ça me fait de la peine parce que je crois que je suis méchante. Et pour ma mère ? Comment savoir si je l'aime vraiment, ou si je l'aime parce qu'elle m'est "utile" ? »

Clara, 14 ans

« Ma grand-mère, c'est comme ma deuxième mère. Elle a 55 ans. Quand ma mère rentre du travail, elle est occupée. Ma grand-mère, ce n'est pas pareil. Elle m'apprend à cuisiner, elle me parle de son époque, elle me raconte ce qu'elle a connu. J'aime bien l'entendre parler. Je lui pose des questions sur ma mère quand elle était jeune, car je veux voir s'il y a des ressemblances entre ma mère et moi. »

Audrey

la réponse de Noélie

un réservoir d'amour

Être ado sur la banquise...

La famille, petit nid d'amour ? Oui, mais pas toujours. Tu as envie de t'y sentir aimé et, en même temps, pas étouffé ! Ce qui peut entraîner des disputes. Une chose est sûre : avec ses joies et ses difficultés du quotidien, la famille est une école de l'amour. Et un réservoir affectif pour grandir !

Papa et maman, un noyau d'amour

Imaginons que nous sommes sur la banquise. Dehors, il fait froid, et le vent souffle. Un jour, tes parents, deux Esquimaux, se sont rencontrés, ont construit ensemble un petit igloo et se sont aimés : tu es né, bien au chaud. L'amour de tes parents t'a fait arriver sur terre, et ils sont les premiers à t'avoir donné de l'amour, en s'occupant de toi ! Qu'ils habitent aujourd'hui ou pas ensemble ne t'enlèvera jamais ce trésor. Si tu en doutes, il peut être bon d'avoir avec toi des photos de ta naissance, où tu vois tes parents qui sourient. Cela rend heureux, et c'est une manière de comprendre pourquoi tu es là. Pas uniquement pour leur apporter des bonnes notes !

Frères et sœurs, l'amour vache

Dans l'igloo, plusieurs bébés esquimaux cohabitent parfois : toi, tes frères et sœurs. Pas toujours facile d'être en harmonie ! Chacun a son caractère, et chacun aimerait l'amour des parents pour lui tout seul. L'un t'embête, te copie (parce qu'il te prend pour modèle !) ou fouille dans tes affaires, l'autre joue l'indifférent ou le plus fort. Parfois, les frères et sœurs, on a l'impression de les haïr.
À l'adolescence, leur proximité peut devenir insupportable et on a envie d'une chambre à soi.
Mais avec qui d'autre jouer, rire, se taquiner, « se défendre » des remontrances des parents, partager confidences, conseils et souvenirs ? Si chacun respecte l'espace de l'autre, grandir ensemble crée un lien et une complicité uniques, qui peuvent durer toute la vie !

On n'a jamais fini d'apprendre à s'aimer, c'est-à-dire à s'ajuster les uns aux autres.

Au revoir, la famille !

En grandissant, on ressent le désir d'aller « voir ailleurs », explorer la banquise, voir d'autres Esquimaux. Pour les parents, c'est un grand changement : ils peuvent craindre que tu ne partes trop loin, que tu te fasses mal, ou même que tu ne les aimes plus. S'ils continuent à te chouchouter, cela peut devenir étouffant.
S'ils s'éloignent, pour te laisser faire, c'est toi qui as l'impression de ne plus être aimé. Pas facile de trouver la bonne distance ! Car, même si on joue les indépendants, l'encouragement du matin, le « bonsoir » du soir, et le câlin en cas de chagrin restent un soutien vital ! Les parents sont un réservoir d'amour où recharger ses batteries pour avancer dans la vie.

Apprendre l'amour

En famille, l'amour est tout le temps mis à l'épreuve du quotidien. On apprend à communiquer (« je n'ai pas envie d'aller à la piscine ! »), à faire des concessions (« ok, je veux bien regarder ce programme télé »), à se rendre service (« je vais mettre le couvert »), à se pardonner (« pardon, je ne croyais pas te vexer... »), à partager (« maman va se remarier, je ne l'aurai plus pour moi toute seule »). On apprend aussi à prendre soin des plus faibles, par exemple si on a un frère handicapé, une grand-mère malade, ou un oncle en difficulté.
En fait, on n'a jamais fini d'apprendre à s'aimer, c'est-à-dire à s'ajuster les uns aux autres.

avec Stéphane Clerget

pour aller plus loin

> Pourquoi certains ados adorent-ils leurs parents tandis que d'autres ont du mal à les supporter ?

Parce que les deux sentiments peuvent être présents, soit en même temps, soit l'un après l'autre. C'est un âge où l'on n'a plus envie d'être traité comme un bébé et où, en même temps, on a peur d'être traité comme un adulte, un égal. Quand on a un corps de grand, on peut avoir peur d'aimer ses parents comme on aimerait un amoureux. C'est pour ça que les garçons n'ont plus forcément envie que maman vienne les embrasser, et les filles, de s'asseoir sur les genoux de papa. C'est l'âge où l'on se rend compte aussi que les parents ont des défauts. Un enfant prend ses parents pour des dieux vivants, ce qui n'est plus le cas à l'adolescence ! Sauf qu'il est impossible de les rejeter : ce serait se rejeter soi-même. Un enfant s'identifie tellement à ses parents ! Les parents sont les témoins de l'enfance, avec laquelle personne n'a envie de couper. D'où les réflexions : « Mon père est énervant, mais j'aime bien aller au restaurant avec lui » ou « Ma mère est ringarde, mais j'aime bien jouer à la Wii avec elle. » C'est une manière, tout en critiquant, de garder un lien avec eux.

> Faut-il se sentir coupable de pensées négatives vis-à-vis de ses parents ?

Prendre ses distances avec eux entraîne parfois des reproches ou des critiques à leur égard, c'est normal. Mais, sans s'en rendre compte, certains ne maîtrisent pas bien leur façon de parler, l'intonation de leur voix, et parfois crient ou disent des méchancetés. On n'a pas à se sentir coupable de ses pensées, mais si on insulte ses parents ou qu'on se conduit mal avec eux, là oui. Dans la vie, la culpabilité nous oblige à nous limiter.

> Souvent les parents grondent ou interdisent. C'est ça, aimer ?

Souvent, les parents grondent ou interdisent des choses par amour. Pour eux, ce n'est pas facile de se fâcher. Mais aimer quelqu'un, c'est vouloir son bien-être et défendre son intérêt sur le long terme. Alors si leur enfant se met en danger, il est de leur devoir de le protéger. S'ils ne l'aimaient pas, peu leur importerait.

> Selon certains sondages, les ados préféreraient leur mère. Comment peut-on l'expliquer ?

Ce n'est pas parce qu'on dit préférer sa mère qu'on n'aime pas son père. Le père et la mère occupent des fonctions différentes dans la vie et l'imaginaire des ados. Parfois, les pères sont moins présents dans le quotidien, et en cas de séparation des parents, les mères ont plus souvent la garde des enfants. Alors, c'est à la mère, plus présente, que les ados confient plus de choses intimes, et c'est elle qu'ils disent préférer. Mais les pères

sont aujourd'hui plus présents dans la vie de la famille, ils sont tout à fait prêts à écouter leurs ados.
En fait, il faut se dire que, quelle que soit l'attitude du père ou de la mère, le couple des parents est complémentaire.

> Pourquoi ressent-on le besoin de savoir que nos parents s'aiment ? Et s'ils ne s'aiment pas, ou plus, pourquoi peut-on en souffrir ?

Parce qu'on est le fruit de cet amour. Avant, les mariages étaient arrangés. Maintenant, c'est en général parce que des parents s'aiment qu'ils ont un enfant. Du coup, si cet amour ne dure pas, cela porte atteinte au sens même de notre existence. Si les parents divorcent ou se disputent, on peut avoir l'impression que les gardiens de son enfance disparaissent, que le socle sur lequel on est né se fissure. Cela peut être très angoissant.
Mais en même temps, certains ados ressentent du plaisir à voir leurs parents se disputer : sans s'en rendre compte, ils aimeraient bien faire couple avec leur père ou leur mère. Alors il peut leur arriver de mettre de l'huile sur le feu en prenant parti pour l'un ou pour l'autre. Parfois, les parents tombent dans le piège et se laissent manipuler.

> Est-ce possible que des parents n'aiment pas leur enfant ?

Cela peut arriver. Par exemple si les parents ne s'aiment pas assez eux-mêmes, qu'ils n'ont pas assez reçu d'amour pour pouvoir en donner, qu'ils en ont trop reçu et ne savent pas en donner, ou s'ils sont trop déprimés. Dans ce cas, il faut aller chercher de l'amour ailleurs, chez d'autres membres de la famille, ou des amis. Mais ce n'est pas parce qu'on devient adolescent que, tout d'un coup, les parents n'aiment plus leur enfant et que leur enfant ne peut plus les aimer ! Ce qui est sûr, c'est que

Les parents ont un attachement très particulier vis-à-vis de leur enfant.

les deux parents n'aiment pas tous leurs enfants de la même manière. Parce qu'ils les ont eus à des âges différents, qu'ils les ont imaginés différemment, et que les enfants se conduisent chacun de manière différente. Mais cela ne veut pas dire qu'ils en aiment certains plus ou moins. Et puis, il y a des parents moins à l'aise avec les ados qu'avec les nourrissons ou les enfants de 8 ans. En général, les parents ont un attachement très particulier vis-à-vis de leur enfant, parce qu'il vient d'eux et qu'ils ont participé à sa construction. C'est un amour qui peut durer toute la vie et même, pour ceux qui croient à l'au-delà, être éternel !

> Pourquoi montre-t-on plus qu'on s'aime dans certaines familles que dans d'autres ?

Cela dépend de la culture dans laquelle on a grandi, de l'époque à laquelle on vit, et des individus. Chacun a sa façon d'exprimer son amour, qui varie aussi selon la personne à laquelle on s'adresse. Suivant la manière dont on se comporte, on peut favoriser ou au contraire bloquer l'expression de l'amour : si un ado se montre ouvert et réclame des bisous, les parents vont davantage être tentés de le choyer que s'il tourne la tête dès qu'ils viennent vers lui. Parfois, les parents sont un peu enfermés dans des fonctions

éducatives et ne se rendent pas forcément compte que leur enfant espère autre chose. C'est pourquoi, à l'adolescence, il est temps de commencer à exprimer ses envies, sans forcément attendre que ce soit les parents qui proposent des activités. En tout cas, le fait de montrer moins n'a rien à voir avec l'intensité de l'amour : ce n'est pas parce que quelqu'un multiplie les gestes affectueux qu'il aime plus. Chez certaines personnes, un simple sourire veut dire beaucoup. Dans chaque famille, les parents ont leur façon de faire. Et si on trouve que c'est mieux dans la famille des copains, rien n'empêche de prendre modèle sur eux plus tard, en tant que parents.

On n'est jamais obligé d'aimer. L'amour ne peut pas être un devoir. L'amour est un cadeau.

> Pourquoi se dispute-t-on entre frères et sœurs, même si on s'aime ?

On rend facilement ses frères et sœurs responsables des problèmes qu'on a, parce qu'on les a sous la main. C'est un peu facile !
Ceux qui ont des frères et sœurs plus petits aimeraient parfois qu'ils leur obéissent au doigt et à l'œil. Or, en grandissant, les plus jeunes peuvent envoyer « balader » les aîné(e)s, et c'est difficile à supporter.
Ils ont pourtant raison de se défendre et de refuser d'être prisonniers d'un rôle que leurs frères et sœurs pourraient leur donner.

Et puis, on peut aussi avoir peur d'aimer son frère ou sa sœur comme on aimerait son amoureux. C'est pour cela que, quand on devient pubère, il ne faut pas hésiter à s'écarter un peu, à avoir ses propres amis, différents de son frère ou de sa sœur. Pour éviter cette confusion, dans certains pays comme la Nouvelle-Guinée, les frères et sœurs devaient s'insulter quand ils se croisaient !
Sans aller jusque-là, se disputer est le moyen qu'on a trouvé pour mettre de la distance.

> Si on doit vivre avec un demi-frère, une demi-sœur, un beau-père ou une belle-mère, est-on obligé de l'aimer ?

On n'est jamais obligé d'aimer qui que ce soit. L'amour ne peut pas être un devoir. L'amour est un cadeau !
En revanche, on est obligé de respecter chaque personne. Parfois, de vraies affections naissent entre demi-frères et demi-sœurs. C'est délicat parce que,

normalement, si on a été élevé avec quelqu'un, on ne peut pas en faire son amoureux. Une des fonctions de l'amour est de faire sortir de la famille, pas d'y faire rester.

> À l'adolescence, que devient l'amour entre les grands-parents et les petits-enfants ?

À l'adolescence, on redécouvre ses grands-parents. Soit ils paraissent casse-pieds (alors que petit, on les adorait), parce qu'ils font des critiques ou des remarques, et imposent plus de règles que les parents. Soit, à l'inverse, on les trouve formidables parce qu'ils sont moins exigeants que les parents. Quand ils étaient parents, ils avaient des obligations d'éducation ; maintenant que le temps a passé, ils s'autorisent souvent à être plus « cools » et plus affectueux (mais certains peuvent au contraire devenir plus égoïstes !). Des liens très forts peuvent s'établir. Parfois même les ados les préfèrent presque à leurs parents. De leur côté, les grands-parents marquent parfois une préférence, en s'attachant davantage aux petits-enfants qui leur témoignent de l'affection.

« L'amitié, c'est sacré !

on se dit tout

« **Avec les amis, ça peut durer jusqu'à la mort.**
Ma meilleure amie, je la connais depuis qu'on est bébés. C'est la fille d'une amie de ma mère. Quand on était petite, on disait juste "ma copine". Maintenant, on dit qu'on est "meilleures amies". Elle s'appelle Aminata. On se fait confiance, on se dit tout. Elle est très attachée à l'environnement, on parle aussi de l'actualité. Elle aime bien parler des garçons, des beaux gosses ! Je l'écoute, je la comprends. Quand elle a un problème avec des amis, je la réconforte, ou quelquefois elle me réconforte. »

Camille, 14 ans

« Avant, j'avais un ami et on était tout le temps ensemble. Mais en ce moment, je préfère être avec d'autres gens. IL ME COLLE !!! »

Gaël, 11 ans

« Au collège, j'ai des "potes", on se parle mais sans plus. À la récré, je suis tout seul et je me sens seul. En plus, je me suis retrouvé tout seul, sans mes amis de primaire… J'ai beaucoup de coups de blues ! »

Kevin, 11 ans

« Mes amis du primaire sont partis dans d'autres écoles. La seule amie qui devait être avec moi a finalement changé d'école. Mais on se voit toujours car elle habite en bas de ma rue. Je la connais depuis la maternelle. On se téléphone, on s'amuse, on se dit des choses. On discute de notre école, des gens qu'on aime bien, des gens qu'on n'aime pas. Elle s'appelle Zofia et elle est polonaise. C'est avec elle que je me sens le mieux, que je parle le mieux. Elle est importante pour moi. »

Coline, 11 ans

« J'ai dit des trucs à mon ami que je n'ai pas dit à ma sœur. J'essaie de voir ce que l'un ou l'autre peut comprendre et je leur parle. Ma petite copine, j'en ai parlé d'abord à ma sœur, à lui plus tard, quand c'était déjà fini depuis quelque temps. »

Charles, 10 ans

« Mes deux meilleures amies sont ennemies, j'ai déjà tout essayé pour les réunir mais rien à faire. Et quand je suis avec l'une l'autre me boude et vice versa. »

Alicia, 13 ans

« L'année dernière, ma meilleure amie a commencé à me snober sans raison. Elle évitait ma compagnie… Je ne comprenais pas pourquoi. Je suis allée vers d'autres filles, je me suis fait d'autres amies, et hop, elle est revenue illico ! »

Lisa, 12 ans

« J'ai deux amis que j'aime, mais ils se sont bagarrés. Je dois choisir l'un d'entre eux. Que faire ? »

Marin, 12 ans

« Les sorties avec mes amies, c'est le plus important. J'ai deux meilleures amies avec qui je ne parle pas forcément des mêmes choses qu'avec mes copines. J'ai plus confiance en elles. Les autres risqueraient de répéter ce que je dis… Surtout à propos des garçons, tout le monde a peur que ça se répète ! Moi, je n'arriverais pas à vivre si j'étais seule. Quand tu es avec une copine tu te libères. Quand je suis avec mes parents, ce n'est pas pareil. »

Charlotte, 12 ans

« Avec ma meilleure amie, on s'est toujours très bien entendues. Mais cette année, elle a changé : racaille et provocatrice, après avoir traîné avec les garçons "rappeurs". Je ne sais pas quoi faire. »

Ashley, 12 ans

« J'ai un "gros" problème : mon meilleur ami est amoureux de moi, il m'offre des cadeaux, me paye des trucs. Ça me gêne vraiment car moi, je ne l'aime pas d'amour ! Dois-je me "forcer" à l'aimer ou lui dire non, au risque de perdre son amitié ? Il m'avait déjà demandé de sortir avec lui, mais j'avais refusé, et ça a pris du temps avant que l'on redevienne amis. »

Valentine, 12 ans

Ahhh... les amis !

Une vie sans amis, quel ennui ! Avec eux, on partage activités ou secrets, on découvre de nouveaux horizons et on trouve du soutien. Pas toujours facile de se faire des amis, ni de les conserver... Mais une chose est sûre, l'amitié est très précieuse, surtout quand on est ado. Elle aide à se construire.

Des alliés pour explorer la vie !

L'amitié est un sentiment d'affection unique et précieux. Entre amis, on se sent bien, on se fait confiance, et on vit le quotidien. Comme avec une seconde famille ! Avec tes amis, tu vas en cours, tu « chates » sur le Net, tu fais des parties de jeux vidéo, des sorties, des soirées pyjama, tu échanges des bons plans de lecture ou de musique... Autant d'activités qui permettent de te « lâcher » et de tester de nouvelles identités, de nouveaux goûts !
Car un ami est à la fois quelqu'un qui te ressemble et t'aime comme tu es, ce qui te rassure, mais aussi quelqu'un de différent, avec une autre façon de voir la vie. Du coup, l'amitié ouvre des pistes autres que celles de la famille, pour inventer et trouver qui on est.

On fait ami-ami ?

Une histoire d'amitié peut démarrer au quart de tour ou prendre du temps. Le temps de se connaître, de s'apprivoiser… Si on se dit qu'on ne vaut rien, ou qu'on n'a pas besoin des autres, on empêche l'amitié. À toi de donner envie aux autres, de t'intéresser à leur vie, et de leur proposer des activités ! Parfois, certains croient qu'il faut raconter des mensonges pour se faire aimer. En réalité, ce sont ses qualités, mais aussi ses faiblesses, qui rendent quelqu'un attachant et donnent envie de le découvrir.

Menaces en amitié

Peuvent s'infiltrer en amitié de la possessivité (« si tu es amie avec elle, je ne le suis plus avec toi »), de la jalousie (« catastrophe, il a un plus beau pull que moi »), ou même de la trahison (« il a raconté à tout le monde que j'étais amoureux »). Si un ami exige trop de toi, ou que tu le suis tout le temps sans donner ton avis, interroge-toi :
ne s'agit-il pas plus de fascination que d'amitié ? Entre amis, on a le droit de ne pas être d'accord !

Une valeur sûre

Autant avec des filles qu'avec des garçons, l'amitié est un échange où chacun est respecté et donne autant qu'il reçoit. Alors que les amours vont et viennent, t'excitent ou t'attristent, l'amitié joue le rôle d'un refuge.
On se pardonne erreurs et défauts, et, en cas de dispute, on se réconcilie.
Bien sûr, l'amitié peut se terminer, mais en général elle est une relation stable qui se tisse sur la durée, et apprend à être fidèle, généreux et présent.
L'amour devrait s'en inspirer !

avec **Stéphane Clerget**

pour aller plus loin

> Est-ce vrai qu'à l'adolescence, on développe plus l'amitié que quand on était petit ?

On croit souvent cela. En réalité, les amis étaient déjà importants à l'école primaire, mais ils le deviennent particulièrement à l'adolescence parce qu'on a moins besoin d'être avec ses parents. C'est un âge où s'opère souvent un changement d'amis. Tout change : les goûts, les envies, la vision qu'on a de ses parents, la vision qu'on a de soi-même, et la vision qu'on a de ses amis. Alors on cherche de nouveaux amis avec qui partager ses nouveaux centres d'intérêt, en dépensant beaucoup d'énergie pour ça. Parfois, les amis d'enfance suivent la même évolution que soi, mais parfois ils ne partagent plus les mêmes goûts. Il est tout de même possible de rester attaché à eux, mais en ayant moins besoin de les voir tout le temps. En général, on ne perd pas définitivement ses amitiés d'enfance ! Même si on ne s'est pas vu pendant des mois, on a plaisir à se revoir et on se sent bien tout de suite.

> Pourquoi aime-t-on être dans une bande d'amis ?

C'est une manière de sortir de chez soi, de se décoller des parents. La bande protège, on s'y sent en sécurité et on s'y sent plus fort. Les bandes d'amis existaient déjà à l'école primaire, mais, au collège, elles commencent à devenir mixtes. Une bande de filles commence à se rapprocher d'une bande de garçons. Ou une fille rejoint les garçons, et un garçon rejoint les filles. Parfois, cela peut être le terreau de rencontres amoureuses.

> Pourquoi a-t-on besoin d'avoir un meilleur ami ?

À l'adolescence, on fréquente des gens

très différents, contrairement à avant. Désigner son meilleur ami est une manière de préciser à qui va la préférence. C'est une façon d'avoir la maîtrise sur ses désirs et ses sentiments. Et comme c'est un âge où l'on est facilement sujet à la passion, une émotion très forte est mise dans les relations. Le terme d'ami tout court ne suffit pas, il faut ajouter meilleur ! Comme c'est également un âge où l'on n'est pas forcément très sûr de soi, cette passion ne dure pas toujours, et les meilleurs amis peuvent défiler en attendant de trouver le bon.

> Comment peut-on réagir si son meilleur ami commence à s'éloigner et qu'on en est attristé ?

Surtout pas en étant agressif et en faisant des reproches. Cela ne lui donnera pas envie de rester. Ceux qui vivent cela peuvent se demander ce que leur ami cherche ailleurs. S'ils se sentent capables de le lui apporter, ils peuvent essayer. Sinon,

tant pis. Ils peuvent suivre son exemple et en profiter pour aller vers d'autres et ne pas limiter l'amitié à une seule personne. L'amitié peut évoluer ! Il y a des moments où l'on n'est qu'à deux, d'autres où l'on est moins souvent ensemble. Si on l'accepte, on se laisse la chance de retrouver son ami plus tard.

Ce n'est pas parce qu'on est de sexe différent que le désir amoureux est forcément là.

> Pourquoi nos amis ne sont-ils pas forcément amis entre eux ?

C'est parce qu'à cet âge, plus qu'à n'importe quel âge, on a des facettes diverses. Les désirs, les goûts et les façons d'être forment une espèce de mosaïque. On peut s'entendre avec des gens très différents, qui correspondent aux différents aspects de sa personnalité. Et eux, ayant chacun leurs propres centres d'intérêt, ne s'entendent pas forcément entre eux. Ceux qui en souffrent peuvent essayer de créer du lien entre leurs amis, par exemple en leur disant que l'autre les aime bien, ou en choisissant des activités qui plaisent aux deux. Mais ils peuvent aussi renoncer à ce qu'ils s'entendent, et s'arranger pour passer autant de temps avec l'un qu'avec l'autre.

> L'amitié garçons-filles est-elle possible ?

Pour êtres amis, il faut beaucoup de points communs, et un peu de différences. Entre garçons et filles, il y a certes des différences physiques, mais il y a énormément de points communs ! Alors l'amitié est possible. Ce qui pourrait l'empêcher, c'est s'il y a trop de désir amoureux ou sexuel. Or ce n'est pas parce qu'on est de sexe différent que ce désir est forcément là. Il est vrai que, spécialement à cet âge, on peut être attiré physiquement par quelqu'un dont on n'est pas forcément amoureux, et cela peut parasiter l'amitié. Et puis c'est un âge où l'on a davantage tendance à fréquenter les gens de son sexe pour se rassurer. L'autre sexe est un terrain moins connu et il n'est pas facile de repérer qui serait un copain, un ami, ou un amoureux. C'est plus tard, vers 16-17 ans, quand on a une certaine expérience de l'autre sexe, qu'on peut être plus détendu et y voir plus clair dans l'amitié filles-garçons.

L'amitié sert à se sentir plus fort, plus intelligent, plus beau, plus épanoui.

> Comment reconnaît-on un vrai ami ?

On ne le sait pas forcément au début de la relation. C'est avec le temps et dans les épreuves qu'on juge qu'une relation est une vraie amitié et pas simplement du copinage.
Un copain, c'est celui qui « partage le pain », donc des activités, un quotidien, par exemple la vie au collège. Mais ça ne nous dit pas qu'on restera en relation en dehors de cette activité commune.
Alors qu'un ami reste un ami, même si on n'est plus au même endroit et qu'on ne fait pas de choses avec lui. On continue de penser à lui, son bien-être nous importe, on se sent solidaire. Il ou elle viendra nous voir à l'hôpital quand on aura la jambe cassée. C'est celui qu'on rappelle en premier quand plusieurs personnes ont laissé un message sur notre répondeur.

> À quoi ça sert l'amitié, finalement ?

Elle sert à se sentir plus à l'aise, plus intelligent, plus beau, plus épanoui ! À deux, on se sent plus fort, on peut soulever plus de choses.
Le vrai ami nous permet de se connaître, de compter et de se sentir utile pour quelqu'un.
Un ami est comme un double de soi-même, quelqu'un qu'on aurait pu être ou qu'on aurait envie d'être.
Un ami permet d'avoir plusieurs vies ! C'est très précieux. Les « amis » que l'on rencontre sur Internet peuvent ne l'être qu'en apparence. Ça ressemble à de l'amitié, mais ça n'en est pas forcément…

« L'amour, ça fait rêver...

on se dit tout

« Ça doit être beau d'être amoureux ! Avec mes amis, à la récré, on s'imagine… Si un jour on est avec des filles qu'on aime, on ira se balader ensemble, et puis on ira jouer au poker dans le grenier, on sera épuisé et on dormira jusqu'à 4 h de l'après-midi ! »

Aurélien, 15 ans

« Je rêve dans mon sommeil et aussi en regardant la télé par exemple. Je m'imagine, moi, ayant un petit ami, ou moi ayant une beauté extrême. Est-ce normal pour une adolescente de tant rêver ? C'est comme si je vivais avec mes rêves et non avec la réalité. »

Agathe, 14 ans

« Ma meilleure amie est amoureuse du chanteur de Tokio Hotel. Comment lui faire comprendre que son avenir n'est pas avec lui ? »

Jade, 12 ans

« Je suis amoureux d'une fille que j'ai vue sur son blog, je n'arrive pas à me séparer de sa photo et j'ai peur de lui dire que je l'aime car on se connaît à peine. »

Blaise, 13 ans

« J'attends le garçon de mes rêves, je m'imagine qu'il sera blond, aux yeux bleus, qu'il s'appellera Cédric et qu'il sera trop sympa ! »

Sandrine, 14 ans

« Ma petite amie de 12 ans craque sur un gars de 25 ans. Dois-je m'en soucier ou bien n'y a-t-il aucun danger ? »

Félix, 12 ans

« Depuis un petit moment, je ressens quelque chose de très fort pour ma prof d'histoire. Je crois que je suis tombé amoureux d'elle. Je voudrais lui dire, mais je ne sais pas comment faire. »

Théo, 14 ans

« J'ai un énorme problème : je suis amoureuse du plus beau gars du collège, un 3e qui a la pire réputation, genre la star du collège ! Et moi je suis en 6e et je ne suis jamais sortie avec un mec... Et je ne suis pas franchement canon. Je ne vais jamais sortir avec lui, mais je vous jure que je l'aime vraiment. Il est parfait ! »

Noémie, 12 ans

« J'étais amoureuse d'un rêve : ce garçon, je le connaissais à peine. J'ai fini par le connaître et j'en suis toujours amoureuse, mais d'une autre façon, plus réaliste... »

Pauline

« Mon problème, c'est que j'ai eu le coup de foudre pour quelqu'un qui est passé à la télé. Alors voilà, un jour j'ai enregistré une émission, et quand j'ai vu la cassette, il y avait un garçon de mon âge, très beau, et avec beaucoup de talent. Il chantait de l'opéra et j'en suis tout de suite tombée amoureuse, avec son air malin, son regard, ses mimiques... Maintenant, je regarde cette cassette tout le temps, je repasse en boucle ces moments avant le collège et ensuite en rentrant. De savoir qu'il ne me connaît pas, qu'il ne sait même pas que j'existe et que je ne le verrai jamais, ça me rend triste. »

Jeanne, 12 ans

« Je suis amoureuse du plus beau garçon que la terre ait porté. Ce garçon représente un idéal mental et physique : comme moi, il a des origines asiatiques, il est mûr, il ne se moque jamais des autres et respecte les filles. Mais je suis plus amoureuse d'un rêve que de lui-même.
Je ne lui ai jamais parlé et il ne me connaît pas. Seulement j'ai besoin d'amour, alors je me suis construit un monde imaginaire, où le prince charmant existe et où il est juste à côté de moi... »

Anaïs

rêves et réalité

L'amour… cela donne tellement envie ! On s'imagine, les yeux qui pétillent, qu'on se baladerait à deux, et qu'on serait heureux. Alors on se dit : « Quand viendra mon tour ? » Ou bien on projette cette image sur quelqu'un qu'on aime en secret. Comme si rêver d'amour, c'était déjà un peu y goûter.

Couple parfait

C'est le bal de fin d'année. Lui, en costume, s'avance. Elle, en robe, s'élance. Ils entament une danse, se rapprochent, se regardent dans les yeux, s'enlacent et s'embrassent. Ils s'aiment et, là, tu aimerais bien être à leur place. Sauf que, sur l'écran de la télévision, s'affiche un générique, c'est la fin du film, qui te ramène à la « dure » réalité : il faut faire tes devoirs pour demain ! Garçon ou fille, qui ne s'est pas pris à rêver d'amour ? La rencontre idyllique et éternelle entre deux êtres… Ces rêves sont l'expression des grands désirs d'amour qui habitent ton cœur, et que tu aimerais voir comblés.

Amour impossible

Une star de la télé, du sport, de la musique ou du cinéma peut aussi soulever les élans du cœur !

À force de la fréquenter par écran interposé, on a l'impression de la connaître et de l'aimer. Mais en réalité, connais-tu sa vraie personnalité ? Sans compter que des milliers de personnes ressentent la même chose que toi. Rêver d'une célébrité est une merveilleuse façon de s'évader. Mais dis-toi que l'amour, c'est avec quelqu'un de « disponible » et qui t'aime pour toi, pas parce que tu es un admirateur.

À portée de main ?

Au CDI, tu l'aperçois. Il ou elle se retourne, croise ton regard, tu te mets à chavirer. Le soir, tu te surprends à y penser. Le lendemain, tu aimerais bien qu'il ou elle vienne discuter avec toi. Dans ta tête, un scénario s'élabore. Sauf qu'au bout d'un an, il ne s'est rien passé. Tu as passé ton temps à l'espionner, et cela a suffi à pimenter tes journées. C'était un amour de pensée. Assez éloigné de toi pour que tu puisses lui prêter toutes les qualités ! À la différence de tes camarades de classe, plus proches, donc parfois moins fascinants à tes yeux.

Et si c'était vrai ?

Arrive un moment où l'on en a assez de rêver. Surtout quand on voit les autres autour de soi trouver quelqu'un à aimer. Ce à quoi tu as pensé, pourquoi cela ne se réaliserait-il pas ? Le rêve t'a permis de préparer en toi une place pour quelqu'un. Si tu imagines précisément son physique, dis-toi que celui ou celle que tu rencontreras sera peut-être tout l'inverse. Même si tu as encore le temps avant de trouver quelqu'un qui te correspond vraiment, avec qui partager ta vie, élargis ton champ de vision, pour ne pas passer à côté d'une personne qui te fera un effet si fort que tu voudras franchir le pas, du rêve à la réalité !

avec **Stéphane Clerget**

pour aller plus loin

> Pourquoi l'amour fait-il rêver, surtout quand on est ado ?

Parce que c'est un âge où l'on se prépare à aimer. Déjà petit, à l'école maternelle, les enfants s'imaginent avec un prince, une princesse ou des enfants. Au début de l'adolescence, cet amour ne peut pas encore être vraiment vécu, parce qu'on n'a pas encore rencontré la bonne personne, ou qu'on est pas encore prêt. Du coup, imaginer des situations, à partir de ce qu'on a entendu, vu dans des livres ou au cinéma, est une manière de se préparer à toutes les éventualités. Certains imaginent même les sensations qu'ils auraient s'il y avait une rencontre physique. Cela permet de réfléchir à ce dont on a envie.
Et puis, rêver permet de se soulager, de s'échapper, car c'est frustrant d'avoir envie d'une chose et de ne pas la vivre ! Vivre en imaginaire est moins risqué que de vivre dans la réalité, mais si on vit uniquement dans ses rêves, cela peut finir par devenir dangereux. À un moment donné, il est bon de vivre dans la réalité.

> La solution, est-ce donc de s'autoriser à rêver, tout en restant conscient que ce n'est « que » du rêve ?

Oui. Et il ne faut pas s'imaginer que le rêve est mieux que la réalité ! Dans la réalité, les sensations et les émotions sont plus fortes. En rêve, on peut contrôler ce qui se passe : faire que les situations se passent comme on en a envie, et que l'autre personne se conduise comme on en rêve. C'est rassurant. Dans la réalité, l'autre a plus de liberté, on maîtrise donc moins le cours des choses.
Mais du coup, on a plus de surprises ! Et cela rend le plaisir plus fort.

> Même quand on est en couple avec quelqu'un dans la réalité, n'y a-t-il pas une part de rêve dans la relation, ne serait-ce que quand l'autre est absent et qu'on pense à lui ?

Oui, le rêve permet aussi de compenser le fait que la réalité n'est pas exactement comme on pourrait le souhaiter. Il nous aide à supporter les frustrations, notamment l'absence de l'être aimé. Déjà quand on était petit bébé, comme notre mère ne pouvait pas nous donner le biberon toute la journée alors qu'on en aurait eu envie, on rêvait d'elle !

> Pourquoi peut-on tomber amoureux de quelqu'un qu'on a vu à la télé ? Ou de quelqu'un de plus âgé ?

Avoir un amoureux imaginaire, c'est en fait s'imaginer être quelqu'un d'autre. Comme si on devenait un personnage virtuel. Et c'est ce « quelqu'un d'autre » qui aime la star ou la personne plus âgée. Celui qui a une petite amie dans ce cas n'a pas lieu d'être jaloux, car il l'aime elle, pas le personnage virtuel qu'elle croit être. En revanche, il ne faudrait pas que sa petite amie le compare à cette star et attende de lui qu'il lui ressemble !

Il ne faut pas vouloir coller absolument au modèle auquel elle rêve, mais essayer d'être l'idéal qu'on aimerait être, soi.

> Peut-on vraiment tomber amoureux d'un prof ?

Adolescent, on ne sait pas très bien faire la part des choses entre les différentes formes d'amour. Il arrive que certains projettent sur leurs profs l'amour qu'ils avaient vis-à-vis de leurs parents. Les parents, on sait qu'on ne peut pas se marier avec eux, c'est ce qu'on appelle l'interdit de l'inceste. Avec un prof, comme cet interdit est levé, certains croient qu'ils pourraient être leur amoureux. Mais souvent, ils se trompent. Rêver d'un prof, c'est souvent avoir envie d'être cette personne. On l'admire et on prend cela pour du sentiment amoureux. Bien sûr, rien n'interdit de tomber amoureux de personnes plus âgées que soi, mais en général la relation est un peu déséquilibrée. Pour que l'amour tienne, il faut qu'il y ait réciprocité.
En tout cas, quand on a moins de 15 ans, les relations amoureuses sont interdites avec les adultes. *A fortiori* avec quelqu'un qui a autorité sur soi.

Quand on a moins de 15 ans, les relations amoureuses sont interdites avec les adultes.

> Pourquoi certains recherchent-ils toujours un amour impossible : un inconnu, la « star » du collège, ou quelqu'un qui n'habite pas le même pays ?

Si cela arrive à chaque fois, c'est qu'au fond de soi on a un peu peur de tomber amoureux et de vivre une histoire d'amour. Alors une part de soi s'arrange pour connaître uniquement des amours impossibles. Ceux à qui cela arrive ne s'en rendent pas compte. Il peut y avoir d'autres raisons. Par exemple, si, quand ils étaient petits, un de leurs parents n'était jamais là, ils peuvent avoir intégré l'idée que l'amour est forcément lié à l'éloignement ou à l'impossibilité.

> Comment peut-on passer du rêve à la réalité ?

Pour vivre un amour réciproque, il faut qu'il y ait une rencontre, ce qui est rare. Mais on peut essayer d'éveiller ou de réveiller l'amour chez l'autre. Pour cela, il faut apprendre à le connaître et, surtout, à se faire connaître. Certains rêvent de quelqu'un, déclarent leur flamme et se font rejeter. Mais est-ce qu'ils se sont vraiment montrés tels qu'ils sont, est-ce qu'ils ont parlé d'eux ? Celui qui se déclare a eu le temps de se faire son petit cinéma, de se renseigner sur l'autre. Mais s'il débarque comme ça, il est un étranger pour l'autre. Avant de déclarer sa flamme, il faut laisser aussi à l'autre le temps de rêver, de se faire son film !

Avant de déclarer sa flamme, il faut laisser à l'autre le temps de rêver.

> Certains n'ont personne « en vue » et attendent que l'amour se présente au portillon. Les jolies princesses et les princes charmants existent-ils ?

Oui, bien sûr ! Ils existent, ne serait-ce que dans notre imaginaire. Celui ou celle que l'on va rencontrer n'est peut-être pas encore un prince charmant ou une jolie princesse, il ou elle est peut-être pour l'instant un simple crapaud ou une Cendrillon souillon. Surtout qu'à l'adolescence on n'est pas encore fini, on n'est pas encore mature, et on peut avoir des boutons comme un crapaud. Mais c'est justement l'amour de l'autre qui transformera le crapaud en prince et la souillon en princesse, et même, si l'histoire dure suffisamment longtemps, en roi ou en reine ! Bien sûr, on peut l'attendre, mais on peut aussi chercher. Il faut bien ouvrir les yeux, et ne pas se fier aux apparences : certains garçons ou filles ont l'air de princes et de princesses et n'en sont pas, et il y a des princes et des princesses bien cachés !

Puberté : le désir s'éveille ...

on se dit tout

« Quand je suis en présence de garçons, j'éprouve toujours le besoin d'être désirée ; j'ai envie qu'ils me trouvent belle, qu'ils rient avec moi, qu'ils m'aiment quoi ! Je pense que c'est dû au fait que je n'ai jamais eu de petit copain et que cela me manque. »

Chloé, 14 ans

« Entre copines, on parle beaucoup des garçons. On a peur qu'ils ne veuillent pas de nous. Pour le moment, mes copines et moi, on n'est pas tellement intéressées par la sexualité. Mais les garçons en parlent tout le temps.
Dans mon collège, c'est l'horreur, ils ne pensent qu'à ça. Ils veulent déjà faire l'amour alors que c'est trop tôt. »

Lili, 14 ans

« Mes copains n'arrêtent pas de me dire de me masturber, mais je ne sais pas comment faire. Comment faire ? »

Côme

« Dès que je vois à la télé des gens en train de faire l'amour et que mes parents regardent aussi, je suis hyper gênée. Je fais tout pour essayer de ne pas regarder. Il y a de plus en plus de pub à la télé avec cette scène et ça me met mal à l'aise. Est-ce normal et comment faire pour être moins gênée ? »

Anonyme

« J'ai envie de voir une fille nue. Est-ce que je suis un obsédé sexuel ? »

Victor, 13 ans

« J'ai 12 ans et je suis "sans poitrine", c'est horrible. Les garçons refusent de sortir avec moi à cause de ça. Dans ma classe de 5e, toutes les filles en ont ! Y a-t-il un médicament ou quelque chose pour que les seins poussent plus vite ? Aidez-moi ! »

Sara, 12 ans

« J'ai un problème : j'ai des envies sexuelles violentes qui me font faire des choses que j'aurais voulu éviter. J'ai tout le temps des érections (embarrassant, à la piscine), et je suis attiré par mon meilleur ami !! Que faire ? »

Florian, 12 ans

« Je me masturbe souvent, quelles conséquences ça peut avoir ? »

Iris, 13 ans

« J'ai un problème avec les garçons, ils me trouvent belle et bien faite. Mes copines pensent que j'ai de la chance mais, à cause de ça, ils me matent de la tête aux pieds, certains me touchent les fesses et d'autres me font des remarques vulgaires. Tu vas me dire que je pourrais en parler à un adulte ou aux profs, mais dans ces garçons, il y a mon meilleur copain. »

Jeanne

« J'ai un problème... je crois que je suis "gay". J'ai toujours ressenti des choses en pensant aux garçons (pas tous !!!), le genre de choses qu'eux ressentent pour les filles... Je ne vais plus très bien en ce moment car je me suis rendu compte qu'un de mes amis m'attirait !!! Que faire ? »

Un lecteur troublé et désorienté, 14 ans

« Je n'arrête pas de penser aux garçons et je n'arrive pas à penser à autre chose ! »

Laurianne, 11 ans

la réponse de Noélie

le grand bouleversement

Pourquoi l'amour te fait-il tellement envie ? Parce que dans le secret de ton corps et de ta tête... tu vis un incroyable bouleversement ! Peu à peu, tu deviens un jeune homme ou une jeune fille capable de ressentir du désir et de séduire l'autre. Ce qui, d'ailleurs, peut faire un peu peur.

Hommes et femmes en devenir

Que se passe-t-il ? Ce n'est plus comme avant ! En quelques années, filles et garçons vivent un chamboulement intérieur et extérieur. Ton corps et ton affectivité évoluent pour atteindre peu à peu leur forme adulte.
C'est la puberté, une période unique de la vie où les deux sexes se différencient fortement. Si elle met du temps à arriver, pas de panique. Ton cerveau donnera en son temps le top départ, en envoyant des hormones (progestérone et œstrogènes pour les filles, testostérone pour les garçons), messagers chimiques responsables de ce bouleversement.

Nouveau costume

Entre 10 et 13 ans, pour les filles, des poils apparaissent sur le pubis (le triangle du bas-ventre) et les aisselles (sous les bras).
La ligne du corps se modifie : les seins naissent, les hanches et les fesses

s'arrondissent. À partir de 12-13 ans pour les garçons, des poils apparaissent, sur le corps, ainsi que sur le menton... Du duvet pousse sur la lèvre supérieure, la voix devient plus grave. La taille du pénis et des testicules augmente, les muscles se développent. C'est un nouveau corps à apprivoiser !

Usines de vie !

Les garçons se mettent ensuite à fabriquer des millions de spermatozoïdes. Après une érection, ils peuvent avoir une éjaculation : du sperme s'échappe du sexe. Chez les filles se met petit à petit en place l'ovulation. Chaque mois aussi, leur utérus se prépare à accueillir un éventuel bébé : il se transforme en petit nid douillet, tapissé de minuscules vaisseaux sanguins. Le 28e jour, si l'ovule n'est pas fécondé par le spermatozoïde d'un garçon, une expulsion du sang est déclenchée : ce sont les règles. Même s'il n'est pas encore prêt, chacun a déjà en soi la capacité de donner la vie !

Naissance du désir

Ces changements du corps s'accompagnent de nouveaux désirs, celui de découvrir l'autre, un corps différent du sien. Il peut, par exemple, t'arriver d'imaginer une personne nue, que tu l'embrasses ou que vous faites l'amour. Ces situations sont parfois étranges ! Ce sont des « fantasmes ». Même si tu ne les contrôles pas, ces images sont tout à fait normales. À l'adolescence, on est impatient de savoir à quoi ressemble l'autre, quel effet ça fait de se toucher, d'être aimé, alors on imagine.

« Pas touche ! »

Garçon ou fille, certains autour de toi peuvent trouver ton corps très attirant. Mais c'est à toi de savoir jusqu'où tu as envie d'aller. Quand tu te sens mal à l'aise, oser stopper les élans de quelqu'un de trop entreprenant : ce n'est pas être coincé ! Dire non c'est te respecter toi-même. Toucher quelqu'un sans qu'il soit d'accord est une agression, punie par la loi.

Premiers pas vers la sexualité !

Tous ces changements, cela fait beaucoup d'un coup ! On peut en avoir honte, on peut aussi trouver cela un peu effrayant et bien éloigné des jolis sentiments que l'on éprouve pour le moment. Pourtant, ce sont ces désirs qui nous poussent à aller les uns vers les autres. Quand tu seras sûr de tes sentiments et plus à l'aise avec ton corps, tu découvriras la sexualité. C'est un moment intime et profond où deux personnes acceptent de se donner l'une à l'autre...

avec **Stéphane Clerget**

pour aller plus loin

> Pourquoi, quand on est ado, il arrive qu'on n'arrête pas de penser à la sexualité ?

Parce que c'est une période où c'est tout nouveau et très envahissant. La sexualité est quelque chose que l'on est à la fois impatient et anxieux de découvrir. Pour certains, cela devient même une obsession. Mais c'est souvent passager et cela se calme ensuite. Ce qu'il faut, c'est apprendre peu à peu à maîtriser cela pour ne pas faire une fixation. La sexualité ne doit pas être au cœur de toutes les situations et il faut rester disponible pour les autres choses de la vie : aller vers les autres, se faire des amis... Malgré tout, si la sexualité est trop présente dans sa tête, on peut toujours écrire ce qu'on ressent, dans un journal intime. Enfin, si des questions nous obnubilent, on peut s'informer dans des livres, ou en posant des questions à un spécialiste.

Les parents peuvent conseiller : il ne faut pas oublier qu'eux aussi sont passés par là...

> Pourquoi peut-on être tenté d'aller visiter des sites pornos ?

Parce que c'est accessible et que, même si on a un peu peur de la sexualité, on en est très curieux. Mais c'est plutôt déconseillé ! Déjà, parce qu'au lieu de soulager le désir, ces images l'excitent encore plus.

Et surtout, cela donne une image assez fausse de ce qui se passe dans la réalité. Cela peut nous faire croire que les garçons ou les filles que l'on rencontrera attendent qu'on se comporte comme dans ces films. Cela peut entraîner des malentendus ! Enfin, cela peut même être effrayant. Sans qu'on s'en rende compte, les images peuvent nous heurter et, au final, nous inhiber. Ce n'est pas une bonne façon de connaître la sexualité. Il vaut mieux prendre son temps et voir les choses par soi-même quand on est prêt !

> Se caresser certaines parties du corps, est-ce une manière de découvrir la sexualité ?

Cela n'est pas spécifique à l'adolescence. Un nouveau-né, déjà, commence à toucher son corps un peu au hasard, et découvre qu'il y a des zones qui sont plus sensibles que d'autres. À partir de l'âge de 3 ans, les enfants continuent à le faire, volontairement. En général, ils s'arrêtent ensuite, car les parents mettent le holà : l'éducation leur apprend à mettre ce plaisir-là de côté.
À la puberté, certains recommencent à se caresser, parce que les sécrétions hormonales font que les parties sexuelles du corps redeviennent extrêmement sensibles. C'est ce qu'on appelle la masturbation. C'est une

première étape pour découvrir son corps et le plaisir. Mais cela n'a rien d'obligatoire et tous les adolescents ne se masturbent pas forcément.
Tu verras par la suite que faire l'amour est un moment beaucoup plus intense : c'est un instant intime que l'on partage avec son amoureux. C'est pour ça que c'est mieux d'être à deux !

> Pourquoi certains peuvent-ils être dégoûtés par la sexualité et le contact physique ?

Avant 6 ans, les enfants sont très curieux de la sexualité. Vers 6-7 ans, ils commencent à avoir un dégoût des contacts physiques.
Et au début de l'adolescence, il se peut que, chez certains, ce dégoût persiste. Mais souvent, le dégoût et l'envie sont les deux faces d'une même pièce ! Transformer le désir en dégoût est une façon de le verrouiller, de lui résister. En effet, le désir fait toujours un peu peur, parce que c'est quelque chose que l'on ne maîtrise pas.
Alors, on peut le bannir, le diaboliser, et se dire que la sexualité est quelque chose d'interdit, comme quand on était enfant.

Le désir fait toujours un peu peur parce que c'est quelque chose que l'on ne maîtrise pas.

> Pourquoi, si on tombe avec ses parents sur une scène d'amour à la télé, on peut se sentir gêné ?

Les ados commencent à avoir des désirs sexuels, et certains peuvent refuser leurs envies, soit parce que c'est contraire à leur morale, soit parce que cela leur fait peur.
La présence des parents renforce cette réaction de défense : on n'a pas envie qu'ils soient mêlés à notre sexualité, c'est normal ! Et on n'a pas envie qu'ils se rendent compte que telle scène nous trouble ou éveille notre désir. La meilleure solution, pour ceux qui sont mal à l'aise, c'est de quitter la pièce. On peut en profiter pour aller aux toilettes par exemple !
On n'a pas à être gêné d'être gêné.

> Si le désir est une force qui nous dépasse, peut-on dire qu'on est libre, en amour ?

La liberté humaine réside dans le fait que chaque façon d'aimer est unique, et que les désirs, rien ne nous oblige à les vivre, contrairement à l'animal qui est soumis à ses instincts. Ainsi, on a la possibilité, même si on a des désirs et qu'on est amoureux, de renoncer à vivre cet amour.

> Certains ont l'impression de ressentir une attirance pour des personnes de leur sexe. Cela veut-il dire qu'ils sont homosexuels ? Être attiré par quelqu'un de l'autre sexe ou de son propre sexe, est-ce défini dès la naissance ?

Il est très difficile d'affirmer, à 13 ou 14 ans, qu'on est homosexuel. C'est quelque chose qui apparaît au cours de la vie, et on peut mettre du temps à s'en rendre compte.
Nos sentiments et nos désirs ne sont pas figés pour l'éternité !
À 15 ans, on peut avoir plus d'affinités avec une personne de son sexe et être extrêmement attiré par elle. Mais rien n'empêche au fil des années et des expériences que les choses évoluent. De même que certains qui flirtent avec des personnes de l'autre sexe à l'adolescence découvrent plus tard qu'ils sont en fait attirés physiquement par des personnes de leur sexe. En tout cas, l'orientation sexuelle est une chose, l'identité sexuelle en est une autre. Qu'on aime les hommes ou les femmes, on n'en reste pas moins, soi-même, homme ou femme.
Et l'homosexualité n'est ni une maladie ni une faute !

« Débutants, l'amour prend son temps...

on se dit tout

« Il y en a qui ressentent qu'ils n'ont pas l'âge, on ne peut pas être tous pareils, on n'est pas des robots ! »

Anthony, 10 ans

« J'ai un problème qui me gêne un peu. Je n'ai jamais embrassé une fille sur la bouche (avec la langue et tout). Je ne suis donc jamais "sorti" avec une fille non plus... Et cela me rend triste. Je n'ai jamais osé demander à une fille si elle m'aimait et aucune fille n'est venue me demander si je l'aimais. Et pourtant ma sœur — qui a quatre ans de moins que moi — est déjà sortie avec 6 ou 7 garçons ! »

Gwendal, 14 ans

« Nous sommes coincées avec les garçons et nous n'avons toujours pas de petits copains. Au secours ! »

Jade et Chloé, 12 ans

« J'ai un problème. C'est que pour plaire, on dit qu'il faut rester naturelle, moi ma nature est de rester calme et sage, mais tout le monde me dit que je suis coincée... Donc finalement j'ai dû changer pour leur plaire... Comment rester naturelle si ce n'est pas ma vraie nature ? »

Fanny, 13 ans

« Je suis coincé avec les filles ! La plupart de mes amies disent que je suis mignon, j'aime bien ça mais ça me met mal à l'aise. Je n'arrive jamais à leur répondre, à dire ce que je pense d'elles et encore moins à leur demander de sortir avec moi. Comment faire pour être plus proche d'elles et comment me comporter avec elles ? »

Frédéric, 12 ans

« Comment augmenter mon pouvoir de séduction ? »

Sara

« Avoir une copine ? Bof ! Je n'ai pas tellement envie d'en avoir maintenant, je n'ai jamais eu de copines. Les filles, je ne leur parle pas, je ne les aime pas beaucoup, je n'ai pas envie de leur parler, je reste avec mes copains. Je n'ai jamais été amoureux, je ne crois pas. Il y a des filles avec qui je m'entends moyennement, juste des fois en classe, je ne cherche pas à les connaître. Après j'aimerais bien avoir une petite copine quand j'aurai 15-16 ans, ou un peu plus tard. Ça serait cool ! Je pense que mon état d'esprit va changer. »

Wim, 11 ans

« J'ai 13 ans et je n'ai toujours pas de petit copain. Je me force à penser que c'est normal, que j'en aurai un plus tard, mais tout le monde en a, même les plus affreuses. Pourtant je ne suis pas laide, je suis même plutôt sympa. Je ne sais pas où est le problème. »

Anaïs, 13 ans

« Depuis le collège, les garçons sont sympas avec moi. Mais je n'ai pas trouvé d'amoureux, je n'en ai pas trop envie pour l'instant. Quand je me sens un peu amoureuse, je garde ça pour moi, sur ce sujet-là en particulier je suis un peu secrète... »

Camille, 12 ans

« Dans mon collège, il n'y a pas beaucoup de couples. Il y a des gens qui sont amoureux mais ils n'osent pas se le dire, du coup ils ne se mettent pas ensemble. Et puis ils sont timides, et puis parfois, ils ont peur de se prendre un râteau. Généralement, ils ne savent pas si l'autre ressent la même chose qu'eux. »

Shams, 14 ans

« Je suis attiré par une fille, mais je ne me vois pas sortir avec elle parce qu'on est tous les deux des enfants : on n'est pas encore passés dans la puberté. Ça ferait ringard et ça ferait se prendre pour des ados (ou des adultes) qu'on n'est pas. J'ai pensé attendre d'avoir un “corps d'ado” pour sortir avec une fille. »

Florian, 13 ans

les premiers pas

Au collège, on commence à en rêver, le corps se transforme, mais cela veut-il dire qu'on est prêt à aimer ? Pas forcément... On est un débutant. Alors, pas de pression ! Que tu en meures d'impatience ou que tu veuilles prendre ton temps, si tu goûtais aux prémices de l'amour à ton rythme ?

Ça cogite progressivement

À l'adolescence, on ne sait pas encore très bien ce qu'est l'amour ! On sent que c'est lié à une grande attirance, à des sentiments et des émotions qui envahissent le cœur, et que le physique et la sexualité y tiennent une grande part. Mais ensuite ? Certains préfèrent ne pas encore trop se poser la question, surtout dans les premières années du collège, profiter des jeux entre copains et copines, et se concentrer sur le travail scolaire. Mais au fur et à mesure que l'on grandit et que la puberté se manifeste, le désir et l'envie de plaire peuvent naître !

Des freins dans le désir

Pour la première fois de ta vie, tu peux ressentir une envie grande et pressante de trouver quelqu'un que tu aimes et qui t'aime. Mais tu ne sais pas forcément comment t'y prendre. Le trouble peut t'envahir rien qu'en frôlant la main de quelqu'un, une mèche de ses cheveux ou son regard. Tu peux te retrouver plus timide qu'avant, voire « coincé(e) » ou bêta(sse) ! Tu ne sais pas très bien comment approcher une personne de l'autre sexe qui te plaît, ni... quelles seront les conséquences ! Tant d'envies et de craintes à la fois, sans mode d'emploi, c'est perturbant.

Coach amoureux

Heureusement, les copains sont là ! Entre filles, on fait des tests du type « quel garçon te correspond ? » ; entre garçons, on établit le palmarès-beauté des filles de la classe. Mais le groupe des amis joue surtout le rôle de « coach amoureux » : « Va lui parler, sinon t'es nul ! » Dans ce domaine, certains sont de grands fabulateurs, ils n'ont pas vraiment fait tout ce qu'ils prétendent ! Mais ils ont le mérite de donner un petit coup de pied au derrière. Au début, tu peux t'appuyer sur eux, pour ensuite te lancer seul(e).

L'âge des premières fois

La confrontation à l'autre sexe et à l'amour met à nu. Certains sont très à l'aise et vont droit au but. Pour d'autres, c'est plus difficile : même quand on le désire, l'amour donne parfois envie de fuir. C'est souvent un pas en avant, un pas en arrière ! De loin, tu lorgnes sur quelqu'un que tu trouves très mignon(ne) ; de près, tu n'arrives pas forcément à lui parler. Tu n'oses pas le ou la regarder dans les yeux, tu te tortilles sur ta chaise, tu bafouilles. Donne-toi des petits défis : aller parler à untel, dire oui à la fête d'unetelle, inviter celui-ci, aller t'asseoir à côté de celui-là... Tu verras que ce n'est pas si dramatique, et cela t'aidera à devenir moins timide.

Prends l'amour comme un jeu !

La « drague gentille » est aussi un des moyens pour accéder aux garçons ou aux filles. Se titiller, s'éclabousser à la piscine, se taquiner, s'envoyer des petits mots, se lancer des vannes sur internet, c'est excitant ! C'est une bonne façon, avec humour, de se tester et de voir comment l'autre réagit. Si on se comporte ainsi avec toi, dis-toi que c'est la façon qu'a trouvée cette fille ou ce garçon pour entrer en contact avec toi. Cela ne signifie pas forcément qu'il serait prêt à entamer une vraie relation amoureuse ! Alors ne te ferme pas trop sous prétexte que cela t'entraînerait trop loin ! Cette ambiguïté permet une première approche, tout en restant protégé.

Bingo, je sors avec quelqu'un !

Sortir avec quelqu'un, c'est franchir un pas ! On peut vouloir voir « comment ça fait », sans forcément être très amoureux... Se balader ensemble, se sourire, se prendre dans les bras, se faire des bisous permet de ressentir plein de sensations nouvelles ! Cela peut donner confiance en soi : « J'en suis capable, je suis donc un vrai mec ou une vraie fille » Si, justement, tu ne sais pas faire, il ne faut pas hésiter à le dire : « Tu sais, je ne m'y connais pas trop ... » Cela permet de dédramatiser et de laisser la possibilité au garçon ou à la fille que tu convoites, ou avec qui tu es, de te rassurer.

De l'humour, des yeux qui pétillent, des talents sportifs ou artistiques... c'est cela aussi qui plaît !

Looser ?

Tu peux avoir l'impression d'être un moins que rien, de ne pas y arriver. Tu peux aussi être très pudique. La pudeur, c'est la gêne que l'on ressent à dévoiler son corps ou ses sentiments. C'est quelque chose de normal ! Et puis, tu n'es pas forcément très à l'aise avec ton corps. À l'adolescence, ce n'est pas toujours facile : les boutons, les cheveux gras ou les poils qui apparaissent rendent parfois les choses plus difficiles. Cela peut servir de prétexte pour éviter la rencontre amoureuse : « Avec ces satanés boutons, ces kilos en trop — ou ces jambes trop fines — personne ne m'aimera jamais. » Mais aujourd'hui, il existe plein de moyens de se sentir mieux dans sa peau : consulter un dermatologue, commencer à s'épiler, faire du sport, trouver des vêtements dans lesquels on se sent bien... Demande de l'aide aux copains ou aux copines ou à l'un de tes parents ! Tu peux mettre du temps à trouver ton look, mais cela vaut le coup pour être à l'aise.

Le corps : notre ambassadeur

On dit souvent que ce qui compte, c'est la beauté intérieure, et pas la beauté extérieure. C'est un peu hypocrite : notre corps fait partie de nous-même. Il signifie par son allure engageante ou repoussante : « Je suis prêt à entrer en contact avec toi », ou à l'inverse « Je me barricade ». Cela signifie-t-il que, pour être aimé, il faut être un canon de beauté ? Non, mais au moins, il faut se croire digne d'être aimé ! Au collège, observe bien ceux qui « sortent » avec quelqu'un : ce ne sont pas les plus charmants, mais ce sont les plus sûrs d'eux qui osent y aller. Dans ce domaine, tout le monde a sa chance.

Une personne dans son entier

C'est vrai, les garçons ont tendance à se retourner sur la « bombe » du collège, et les filles lorgnent les « beaux gosses » . Mais entre se retourner et aimer pour de bon, il y a une différence. C'est pour cela que faire plein d'efforts pour être beau ne suffit pas forcément. De l'humour, des yeux qui pétillent, un sourire agréable, des talents sportifs ou artistiques, des centres d'intérêt... c'est aussi cela qui plaît ! Ils sont le signe d'une personnalité épanouie, prête à échanger avec l'autre des activités et des discussions. Une relation amoureuse a aussi besoin de cela, pas juste de s'admirer le bout du nez à longueur de journée !

Personnalité en chantier

Entre 11 et 15 ans, ta façon d'aimer se construit ! Avant d'aimer une personne en particulier, tu commences par t'intéresser aux garçons ou aux filles en général. Puis, petit à petit, tu vas apprendre à discerner quel type de garçon ou de fille tu préfères.
Ta personnalité n'est pas forgée et tu ne sais pas encore bien qui tu es. C'est pour cela qu'il ne faut pas s'inquiéter.
Le jour où tu seras plus à l'aise dans ta tête et dans ton corps, et que tu auras apprivoisé ta peur et ton désir, tu pourras sortir de ta chrysalide !

avec Stéphane Clerget

pour aller plus loin

> Pourquoi la séduction passe-t-elle beaucoup par l'apparence physique ?

Chez les animaux, le mâle qui séduit a souvent plus de couleurs : le paon par exemple, qui fait la roue pour séduire la femelle. Au départ, la coquetterie était masculine : elle vient du mot « coq » ! De tout temps, elle a été un signe de richesse, de puissance et de séduction. C'est pourquoi les vêtements servent aussi à séduire. À l'adolescence, ils prennent encore plus d'importance, parce que c'est un âge où l'on n'est pas très sûr de soi et que, du coup, on est attentif au paraître.

> Pourquoi y a-t-il des collégiens qui sortent facilement avec quelqu'un et d'autres qui ne se sentent pas prêts ?

Certains sortent facilement avec quelqu'un parce qu'ils n'ont pas vraiment de désir, et le font pour faire comme les autres. Peut-être aussi parce qu'ils n'osent pas trop parler aux filles (ou aux garçons, pour les filles), alors ils passent à l'action ! Ceux qui ne sont pas prêts peuvent être encore tellement attachés à leurs parents qu'ils n'ont pas envie de déplacer leurs sentiments sur des personnes « étrangères ».

Ce drôle de désir d'être remarqué, cette envie bizarre, cette envie de plaire...

D'autres sont en hibernation, comme si les sentiments étaient encore au congélateur. À 12-13 ans, c'est un peu normal ! Certains retiennent leurs émotions, comme on retient les brides d'un cheval : ils ne les laisseront les emporter que si elles sont extrêmement fortes ! Ils peuvent avoir aussi un haut niveau d'exigence, et ne pas tomber facilement amoureux. Ou encore s'imaginer que c'est compliqué de sortir avec quelqu'un, que ça implique d'énormes changements dans leur vie. Enfin, d'autres apprennent encore à se découvrir. Ils sont un peu amoureux d'eux-mêmes. Enfin, d'autres ne s'aiment pas encore assez pour tomber amoureux d'une autre personne...

> Comment faire quand on ne s'aime pas soi-même ?

C'est normal, à l'adolescence, de ne pas forcément s'aimer. Parce qu'on vient de changer ! On peut se trouver merveilleux, mais on peut aussi être déçu. Il faut alors patienter, attendre de voir ce qu'on va devenir. On peut faire connaissance avec soi-même, pour devenir son propre ami. Le fait que les autres nous aiment nous aidera à nous aimer nous-mêmes. En général, à cet âge, on est davantage dans l'attente de recevoir que dans le désir de donner. On n'est pas toujours prêt à prendre soin de quelqu'un d'autre. Or, sans réciprocité, il n'y a pas d'histoire d'amour convenable...

> Si on n'a pas envie ou si on n'est pas capable d'aimer, ça veut dire qu'on est trop jeune ?

Oui, il est possible qu'on soit immature affectivement. Sortir avec quelqu'un apparaît comme une étape qu'on franchit : on quitte l'enfance pour entrer dans la cour des grands. Quand on n'est encore jamais sorti avec quelqu'un, on peut se croire encore du côté des petits. Mais il n'y a pas d'obligation ! En fait, la frontière pour devenir grand, on la franchit quand on sait vraiment ce que signifie aimer quelqu'un...

« Comment savoir si on est amoureux ?

on se dit tout

« Dans ma classe, je m'entends bien avec deux garçons. On se taquine et on se cherche. Mais je ne sais pas si ce que je ressens, c'est de l'amour ou de l'amitié. »

Salomé, 12 ans

« J'ai participé avec une amie à une compétition d'équitation et nous sommes restés ensemble presque toute la journée. Le lendemain, j'ai pensé à elle toute la journée. Que se passe-t-il entre elle et moi ? »

Enzo, 13 ans

« Dans mon collège, il y a une fille de mon âge qui m'a demandé de sortir avec elle. J'ai dit non. Seulement maintenant, j'ai l'impression de l'aimer. Suis-je tombé amoureux d'elle ? »

Matthieu, 14 ans

« Il y a une nouvelle élève dans ma classe, elle a le même âge que moi et je suis fou amoureux d'elle. Je n'arrive pas à l'oublier, la nuit je pense toujours à elle. »

Julien, 12 ans

« Je voulais savoir comment être sûre de mes sentiments parce que j'ai beaucoup de mal à savoir ce que j'éprouve ! »

Victoire, 13 ans

« Le jour de la rentrée, j'ai eu un gros coup de foudre pour une nouvelle au collège. Dès que je la vois, ma gorge se serre. »

Thomas, 14 ans

« Je suis amoureuse d'un garçon. Je l'aime tellement que je pense à lui tous les jours. À chaque fois que je le vois, je rougis et j'ai envie de lui parler mais je n'y arrive pas. Je suis énervée à chaque fois que je le vois avec d'autres filles. »

Rachel, 12 ans

« En ce moment, je suis amoureuse de six garçons et je ne sais pas avec lequel je veux sortir et avoir une relation amoureuse.
Est-ce que c'est grave ? Qu'est-ce que je dois faire ? »

Tina

« Quand je le vois, je sens mes joues rougir énormément, mon cœur bat la chamade, j'ai les mains moites, du coton dans les jambes et après, j'ai les mains qui tremblent pendant plusieurs minutes, je n'arrive plus à tenir quoi que ce soit sans le faire tomber, le temps que je reprenne mon calme ! »

Iris, 12 ans

« Au début de l'année, j'ai fait connaissance avec une fille de ma classe et nous sommes devenues super copines. Mais après, j'ai commencé à ressentir quelque chose de fort pour elle. J'ai toujours envie d'être près d'elle, de la serrer dans mes bras... Que faire ? »

Mouna, 12 ans

« Être amoureux, pour moi, c'est pas seulement la trouver jolie. C'est bien rigoler, avoir des points communs, la trouver sympa ! Mais ce n'est pas évident de dire pourquoi on aime. Ça se sent et ça se voit. »

François, 11 ans

« Je suis amoureux d'un garçon de ma classe, est-ce que c'est grave ? »

Antonin, 12 ans

un sentiment nouveau

On peut être fasciné, intéressé, attiré ou troublé par quelqu'un… Mais comment savoir si on est vraiment amoureux ? Si, à sa vue, ton cœur bat la chamade, tes joues rosissent, tes jambes flageolent, et que tu y penses 24 heures sur 24, tu risques bien d'avoir attrapé la maladie d'amour !

Glissades amoureuses

Pas facile d'identifier ses sentiments ! Même si on a déjà eu un amoureux étant petit, à l'adolescence, c'est comme si on repartait de zéro. L'amour est quelque chose de totalement nouveau et excitant. Tu peux avoir tellement hâte de tomber amoureux que, dès que quelqu'un te fait de l'effet, tu te dis : « Ça y est ! » Mais tu peux être davantage amoureux de l'amour que d'une personne en particulier. Si tu t'enflammes pour plusieurs personnes, c'est peut-être que tu n'en « aimes » encore aucune.

Un être en émoi

Tomber amoureux, c'est apprécier quelqu'un, être attiré, se dire que ce serait un parfait petit copain ou une parfaite petite copine, mais c'est aussi être en ébullition à cause de lui ou d'elle, comme si ton cœur avait été attrapé ! En sa présence, tu sens ton cœur battre, en son absence, il ou elle te manque. Le quotidien prend un air magique, les broutilles te tracassent moins, tu te sens vivant. Tu deviens aussi plus fragile : tu crains de faire une gaffe, tu bafouilles et, en cas de déception, cela fait mal… Souvent, les autres remarquent un changement : « Tu es bien en forme ! » Tu te mets en beauté, ton visage rayonne.

Amour ou amitié ?

Parfois, on pose des limites : on sent l'amour germer, mais on l'étouffe parce qu'on a peur et qu'on préfère la sécurité de l'amitié. Et puis, on n'est pas sûr de soi ! Si tu veux y voir plus clair, le mieux est de laisser passer du temps, pour voir si la lumière que cet être allume au fond de toi s'évanouit ou grandit. Son attitude joue aussi un grand rôle : il peut t'entraîner sur le terrain amoureux ou au contraire se cantonner à l'amitié.

Le flou des sentiments

On peut tomber amoureux tout d'un coup : c'est le coup de foudre. On peut aussi vivre une passion : un sentiment amoureux poussé à l'extrême ! Mais parfois, les sentiments naissent plus lentement et plus discrètement.
Vous rentrez ensemble du collège, vous discutez de plus en plus, vous vous sentez bien, et un jour les regards qui vous lient ne sont plus les mêmes...
Comme si, petit à petit, l'amour s'infiltrait dans votre amitié.

Un seul être suffit à peupler ta vie

Être amoureux, c'est éprouver un sentiment d'affection et de tendresse pour une personne qu'on trouve unique et merveilleuse ! Avec quelque chose en plus par rapport à l'amitié : l'attirance physique. On a envie d'aller vers elle, puis de lui prendre la main, de l'embrasser, et, quand on est plus grand, de faire l'amour. Quand on est adulte, cela donne même envie de partager toute sa vie avec l'autre mais à condition de tisser un vrai lien pour continuer à s'aimer durablement dans la réalité, pas dans le rêve.
C'est pour cela qu'il faut apprendre à se connaître, être complices sur les petites choses de la vie, avoir des caractères qui s'accommodent...
Des amoureux sont des personnes qui s'entendent bien au quotidien !

avec **Stéphane Clerget**

pour aller plus loin

> Pourquoi tombe-t-on amoureux d'une personne en particulier ?

Cela met en jeu des milliards de neurones ! Dans notre cerveau, il y a des va-et-vient entre le cortex (centre de la réflexion), le système limbique (sentiments), l'hippocampe (mémoire), le système sensoriel (odorat, vue, ouïe) et le système moteur (gestes). Une personne, par la combinaison de son physique, de son odeur, de sa voix, de sa façon de marcher, etc., va nous plaire plus que toutes les autres. Elle éveille en nous une attirance, en écho à des sentiments déjà vécus, parce qu'elle rappelle inconsciemment les parents, une personne aimée, pourquoi pas le prince ou la princesse dont on rêvait... La naissance de ces sentiments dépend aussi des circonstances, du moment, de notre propre état d'esprit, de notre disponibilité... Notre cerveau déclenche alors une sécrétion d'hormones, qui fait qu'on s'attache à cette personne. On est tombé amoureux ! Bien sûr, de nombreuses personnes dans le monde sont susceptibles de provoquer l'amour chez chacun, même si c'est unique à chaque fois. Il ne faut pas croire que quelqu'un en particulier nous est « destiné ». Heureusement, car il ou elle serait trop difficile à trouver...

> Le cœur joue-t-il un rôle dans ce bouleversement ? Pourquoi est-il le symbole de l'amour ?

On a longtemps considéré que le cœur était le centre des émotions. Aujourd'hui, on sait qu'il n'est pas à l'origine du sentiment amoureux, mais il en est le témoin : il bat la chamade ! Il est aussi un relais entre notre cerveau et les autres organes, chez lesquels il déclenche des modifications, par l'intermédiaire des nerfs. Quand notre cœur bat, cela peut entraîner des sueurs, des gargouillements de l'intestin, une dilatation de nos pupilles, une tension de nos muscles, un hérissement de nos poils… Et puis le cœur est un organe double : il est composé d'une oreillette droite et d'une oreillette gauche. Cette symétrie peut évoquer le couple.

> Pourquoi dit-on parfois que le rouge est la couleur de l'amour ?

Le rouge est la couleur de la passion, des émotions brutes. Quand on présente des couleurs à un bébé, c'est vers celle-là qu'il va en premier ! C'est peut-être aussi parce que c'est la couleur du sang… et donc de la vie !

> Pourquoi tomber amoureux est-il un sentiment si extraordinaire ?

Parce qu'il nous bouleverse affectivement et physiquement. On devient presque un autre ! On se sent exister davantage, car on existe pour quelqu'un. On retrouve la force du nouveau-né aimé par ses parents. On a une grande forme morale, physique, et de l'énergie à revendre ! On peut s'en décharger en déclarant sa flamme ou en exprimant ce chamboulement par l'écriture, la parole, la peinture, la musique. On peut aussi en profiter pour ranger sa chambre, aimer ses parents, faire du sport, bref, faire des choses positives qu'on ne fait pas d'habitude !

> Ces émotions de l'amour sont-elles particulièrement fortes à l'adolescence ?

En général, oui. Parce qu'on n'a pas de recul et que le cerveau est tout neuf. Le débordement émotionnel et physique est très intense. L'afflux hormonal rend le corps extrêmement réceptif : le moindre toucher peut donner des frissons partout. Parfois, le plaisir physique ou affectif est si fort que ça en devient presque douloureux. Cela est même très perturbant : on n'arrive plus à travailler, on a parfois envie d'être agressif avec

ses copains ou d'insulter les autres pour se soulager. Plus tard, cela se calmera un peu...

> Pourquoi peut-on avoir l'impression de voir des « signes » partout, quand on est amoureux ?

Comme l'amour nous dépasse, on essaye de contrôler nos sentiments. On devient superstitieux, on voit un sens caché à tout ! C'est comme s'il y avait parfois de petits courts-circuits dans les neurones. Notre pensée est tellement envahie par les émotions qu'elle ne se construit plus de manière logique, mais par associations libres et métaphores. On se met sans doute à repenser comme un nouveau-né, de façon très imagée, par contamination d'émotions.

> En fait, tomber amoureux, c'est devenir fou ?

Oui, on peut parfois devenir fou. Notre raison s'interroge : « Ai-je le droit de tomber amoureux de cette personne ? » Mais, sous l'influence de sécrétions dans le

cerveau, nos règles morales peuvent sauter. On ose faire des choses que l'on n'oserait pas habituellement. On entre dans le domaine de l'irrationnel et cela peut conduire à faire des folies. On peut aussi être tellement attiré par l'autre qu'on lui attribue des sentiments qu'il n'a pas nécessairement.

Il n'y a pas de hiérarchie entre les différents types d'amour.

On a aussi tendance à confondre celui ou celle qu'on aime avec ceux qu'on a aimé avant, et lui attribuer des qualités qu'il ne possède pas, alors qu'il s'agit d'une personne différente. On peut tomber de haut quand la réalité prend le dessus ! Cette illusion ne signifie pas que l'amour n'a pas été sincère, mais une part de rêve s'est évaporée.

> Doit-on chercher à vivre de grandes histoires d'amour, comme dans *Roméo et Juliette* ou *Twilight* ?

Non, car ce sont souvent des histoires qui peuvent mal se terminer. Au nom de cet amour, on peut aller jusqu'à avoir envie de mourir, ou être prêt à dévorer l'autre, à le vampiriser. Il convient de mettre en garde les amis qui se laisseraient trop déborder, pour les aider à revenir sur terre. L'amour n'autorise pas à porter atteinte à sa propre existence ou à ne pas respecter celle d'autrui.

> Peut-on tomber amoureux sans ressentir un grand bouleversement ?

Oui, ce n'est pas toujours aussi violent. L'amour est comme l'eau : certains amours sont comme des torrents ou des tsunamis, d'autres comme des ruisseaux qui grandissent petit à petit en rivière et en fleuve ! Il y a enfin ceux qui ressemblent à des lacs bien tranquilles... Il n'y a pas de hiérarchie entre ces différents types d'amour. Et on ne peut pas prévoir lequel durera le plus longtemps.

> Pourquoi n'arrive-t-on pas forcément à savoir si on est amoureux ?

Quand on n'a encore jamais été amoureux, le cerveau ne sait pas ce qui lui arrive, il a du mal à identifier ce sentiment. Déjà, pour des adultes, il n'est pas toujours facile de savoir si on aime vraiment quelqu'un, alors ça l'est encore moins quand on est adolescent. On a du mal à se percevoir soi-même, alors percevoir l'autre dans sa globalité et être sûr de l'aimer pour lui-même, c'est très difficile ! On peut croire qu'on est amoureux juste quand on se sent bien avec quelqu'un. On peut avoir une fausse vision de l'amour, croire que l'amour doit être un absolu, l'autre étant tout le temps dans nos pensées... Mais le véritable amour n'exclut pas d'autres centres d'intérêt. Il est tout à fait possible qu'à 11, 12, 13 ou 14 ans, on ne ressente pas encore de sentiment amoureux. Cela ne signifie pas qu'on ne tombera pas amoureux plus tard.

> Comment faire si on a peur de briser une amitié parce qu'on est tombé amoureux de son ami ?

Bien sûr, en passant de l'amitié à l'amour, on risque de perdre l'amitié. Faut-il pour autant se réfréner ? On peut espérer que cet amour soit réciproque et puisse être vécu. Peut-on rester amis ? À chacun de voir ! Ce qui est sûr, c'est que l'on repart alors différemment, comme si le paysage n'était plus le même. C'est une nouvelle amitié...

Le seul fait d'être attiré n'est pas suffisant : ce n'est pas forcément de l'amour, c'est du désir.

> Tomber amoureux, on ne le décide pas vraiment. Cela veut-il dire qu'on n'est pas libre, en amour ?

On ne commande pas les sentiments d'amour, c'est l'amour qui nous commande. Mais la liberté humaine est dans le fait que chaque façon d'aimer est unique, et qu'on a la possibilité, même si on a un désir amoureux, de se retenir et de renoncer à vivre cet amour. Par exemple, l'homosexualité n'est pas quelque chose d'anormal, ce n'est pas une maladie, mais pour des raisons morales, certains refusent d'avoir des relations homosexuelles. Nous, les êtres humains, avons la liberté de refuser l'amour, ce que ne peut pas faire l'animal qui est soumis à ses instincts. Donc la volonté joue un rôle dans l'amour.

> Pourquoi peut-on tomber amoureux d'une personne de son propre sexe ?

À l'adolescence, on fait feu de tout bois : on peut tomber amoureux des garçons ou des filles. Même si la différence des sexes est essentielle, il y a mille fois plus de ressemblances que de différences entre garçons et filles ! Être amoureux d'un garçon peut être une manière de se construire en tant que garçon, et pareil pour les filles. On a envie de ressembler à cette personne. Il est difficile d'être sûr à 100 % que, plus tard, on ne tombera amoureux que de garçons ou que de filles.

> Tombe-t-on amoureux d'un physique ou d'une personnalité ?

On ne distingue pas toujours les deux. Parfois, on ressent une attirance physique, mais pas encore de sentiments : « Tiens, telle fille me plaît beaucoup, elle est jolie, j'ai envie de me rapprocher d'elle, de lui toucher la main. » Le seul fait d'être attiré n'est pas suffisant : ce n'est pas forcément de l'amour, c'est du désir. Mais de cette fréquentation peut naître un attachement affectif.
Parfois, à l'inverse, on n'a que des sentiments et pas de désir physique. À force d'être proche de la personne, le désir physique peut s'éveiller et approfondir la complicité déjà affective ou intellectuelle.
Parfois, ces sentiments et cet attrait agissent en même temps. Être amoureux, c'est peut-être quand on a besoin de rien d'autre que la personne aimée. On a juste envie d'être à côté d'elle et cela nous suffit...
Quand cela nous arrive, on est surpris. On ne s'y attendait pas !

« Pas facile d'avouer ses sentiments...

on se dit tout

« J'ai une copine mais je n'arrive pas à lui dire que je l'aime et que j'ai le trac !
Et je me demande si cela lui ferait un gros choc et si elle me quitterait pour toujours ! Au secours ! »

Joseph, 12 ans

« Je suis amoureuse d'un garçon qui a un an de plus que moi. Je le connais depuis le CM1.
J'ai envie de lui demander son numéro de portable mais, à chaque fois que je vais vers lui, je fais demi-tour et je deviens toute rouge.
Que faire ??? »

Mélissa, 11 ans

« Je ne sais pas parler aux filles. Je ne sais pas quoi dire, je n'ose même pas les approcher.
Et il y a une fille au collège que j'aime beaucoup mais je crois qu'elle ne sait pas mon nom. Que faire ? »

Khalil, 14 ans

« J'aime un garçon et je voudrais le lui dire en privé. L'occasion se présente, car dans une semaine, il y aura une fête dans l'école. Je voudrais lui dire pendant qu'on danse. »

Solenn, 12 ans

« J'aime une fille dans mon collège qui a une année d'avance sur moi, je ne lui parle que sur MSN ou texto mais jamais en face puisque j'ai vraiment très peur. Comment me convaincre de lui parler ? »

Aubin, 13 ans

« Ça fait du bien d'être amoureux, mais parfois du mal aussi. Il ne faut pas le dire trop vite, trouver le moment, le dire quand on se sent prêt.»

Adel, 10 ans

« Dans ma classe, il y a un garçon qui m'aime et je ne sais pas comment lui dire que moi pas. J'ai peur de lui briser le cœur si je lui dis que je ne l'aime pas. Que faire ? »

Yolaine, 11 ans

« Je voudrais sortir avec une fille assez populaire, mais elle est toujours encerclée par ses copines, je ne peux pas tellement lui parler et même lui faire la bise. »

Cédric, 12 ans

« J'ai un problème, une fille plus jeune que moi au collège n'arrête pas de me regarder, elle m'a demandé mon âge et mon nom. Je sais par le bouche-à-oreille qu'elle veut sortir avec moi. Je n'ai pas vraiment envie, j'ai mes raisons. Le jour où elle me demandera, je n'ai pas envie de lui répondre méchamment : "Casse-toi t'es moche !!" Ce n'est pas gentil, ça ! Comment procéder pour le lui dire ? »

Léopold, 12 ans

« Depuis deux mois, un garçon me harcèle au téléphone. Je ne sais pas quoi faire. »

Elora, 14 ans

« Au collège, il y a un garçon qui me fait des clins d'œil aux récrés, et il me regarde pendant les cours. Est-ce qu'il est amoureux de moi ? »

Stéphanie, 11 ans

« L'an dernier, une fille m'a demandé de sortir avec elle. Ça m'a pris au dépourvu, je n'étais pas prêt et j'ai dit non. Seulement depuis, je suis de plus en plus attiré par elle mais je n'ose pas aller la voir. J'aimerais revenir en arrière pour lui dire oui. Comment faire ??? »

Mathis

la déclaration

Le sentiment amoureux ou l'envie de sortir avec quelqu'un, on l'a dans le cœur ou dans la tête. Mais si on veut « concrétiser » son amour, on est obligé de se manifester. Car l'autre ne peut pas lire dans nos pensées… Alors, comment se déclarer, et aussi comment accepter ou refuser ? Voici quelques pistes.

Romantique ou pragmatique

Si on est du genre romantique, dire son amour apparaît comme un moment fatidique et solennel, qui devrait être parfait. Si on est plutôt pragmatique (ou dragueur), on dispose de la formule : « tu veux sortir avec moi ? » En réalité, quand on avoue son amour à quelqu'un qui nous émeut, il ne s'agit ni d'être un champion de la déclaration, ni de négocier rapidement ses sentiments comme au supermarché…

Commencer doucement

Déjà, rien ne t'oblige à te déclarer. Tu peux très bien garder secrets tes sentiments ! Sinon, il y a plein de façons de procéder pour que l'élu de ton cœur commence à se douter de quelque chose : lui jeter des regards, lui sourire, lui demander un service, l'aider, t'asseoir à ses côtés, tenter un geste affectueux… Bref, envoyer des signaux ! Uniquement s'ils sont en accord avec tes sentiments, bien sûr : le but n'est pas de piéger l'autre,

plus loin, en douceur...
Tu peux lui envoyer un petit mot, un mail ou un texto, ou, si tu es trop timide, demander à un ami de jouer les intermédiaires. Mais, en général, mieux vaut se parler face à face...

ni de le faire tomber dans tes filets. Laisse-le aussi respirer, pour respecter sa liberté et permettre à son désir de s'éveiller !

Phase de décodage

Elle ne réagit pas, ou négativement ? Tu comprendras qu'il vaut mieux prendre tes distances, et attendre de voir si, avec le temps, elle revient vers toi. Il sourit, relance, se montre coopératif(ve), cherche ton contact ? C'est signe que tu peux aller un peu

C'est parti, j'avoue !

Oublie les phrases recopiées. Mieux vaut être maladroit et sincère que trop « pro » et risquer de sonner faux. Dire qu'on aime est un moment fragile, où l'on accepte de s'ouvrir à l'autre, de montrer ce qu'on ressent. Il est normal de ne pas trouver ses mots, de bafouiller... Si l'autre dit oui, c'est le *happy end*, ou plutôt le *happy beginning* ! C'est-à-dire le début d'une relation qu'on va essayer de faire grandir. Si c'est négatif, tu peux être fier d'avoir osé, et tu n'auras pas de regrets.

Comment dire oui, comment dire non

Tu peux dire oui avec des mots, bien sûr. Mais tu peux aussi faire comprendre à celui ou celle qui t'aime, par un vrai regard, en prenant sa main ou en lui faisant un bisou, que tu es d'accord pour aller plus loin en sa compagnie. En revanche, si tu n'en as pas envie, l'autre a besoin d'entendre « non », pour arrêter d'espérer. Même si tu as peur de le blesser, mieux vaut lui dire la vérité.

avec Stéphane Clerget

pour aller plus loin

> Pourquoi n'est-ce pas facile, d'avouer à quelqu'un qu'on l'aime ?

Il peut y avoir plein de raisons : on ne sait pas comment le dire, on a peur d'être ridicule, de paraître fragile, on peut se trouver indigne et minable. Et puis on n'est pas forcément très sûr de ses sentiments. On peut craindre un malentendu, par exemple quand il s'agit d'une passade pour l'un et d'une histoire sérieuse pour l'autre. Mais c'est impossible de le savoir à l'avance ! Et, de toute façon, les sentiments évoluent : ils peuvent s'intensifier ou au contraire diminuer avec le temps. En amour, il y a forcément une part de risque : à partir du moment où l'on déclare sa flamme à quelqu'un, on prend le risque que l'autre souffle dessus. Mais le jeu en vaut la chandelle !

> Quel est le bon moment pour déclarer son amour ?

Sortir avec quelqu'un, ce n'est pas comme avoir envie de bonbons ! Avant de se déclarer, il faut s'assurer que cet attachement tient la route, au moins quelques semaines. Avant, on peut « faire la cour », exprimer de façon indirecte le sentiment que l'on a pour l'autre. Étymologiquement, « faire la cour » signifie faire le tour de l'autre, c'est-à-dire rester à distance tout en étant dans sa cour, pour qu'il nous remarque et pour l'observer. On peut justement le faire dans la cour de récréation ! En fait, il faudrait se comporter comme avec quelqu'un dont on aurait envie d'être l'ami.

> Pourquoi certains remettent-ils toujours au lendemain l'aveu de leur amour ?

Certains remettent toujours à demain ce qu'ils pourraient faire aujourd'hui. Cela fait partie de la personnalité. Il peut aussi y avoir des freins : la peur de ne pas être à la hauteur ou celle d'être déçu par l'autre, de devoir trop s'investir, de ne plus avoir de temps avec ses copains... Ces contraintes sont parfois imaginaires.
Il peut y avoir un certain plaisir à attendre, même si, en même temps, c'est pénible. C'est le plaisir de ruminer ce qu'on pourrait faire, avant même de le faire.

> Pourquoi certains ados ne peuvent-ils se parler que sur MSN ?

Parce qu'ils sont un peu gênés, pas très à l'aise avec leur corps ou leur façon de parler. Ils ont peur de ne pas contrôler leurs sentiments et leurs gestes. Le regard de l'autre et sa présence physique les paralysent.
Par écrit, à l'abri derrière son écran, on peut avoir l'impression de dire moins de bêtises, de faire moins de gaffes, de mieux contrôler ses émotions. Mais l'important, quelle que soit la façon, c'est de communiquer ! Quand ils seront prêts à parler sans intermédiaire, ils le feront.
Autrefois, les jeunes amoureux s'écrivaient beaucoup avant de se connaître...

> Qui doit faire le premier pas : le garçon ou la fille ?

Pendant des siècles, les déclarations actives étaient faites par l'homme, et la fille donnait des signes en réponse. Aujourd'hui, les rôles sont en complet bouleversement : on voit de plus en plus de garçons dans l'attente et de filles actives et conquérantes. On peut en être dérouté, mais on est surtout plus libre, moins prisonnier des codes.

Les filles expriment plus facilement leurs émotions que les garçons.

> Les filles sont-elles plus à l'aise que les garçons pour exprimer leurs sentiments ?

Oui, c'est une réalité statistique. Mais ça n'a pas toujours été vrai : il y a des époques, au Moyen Âge par exemple, où les garçons s'exprimaient autant que les filles. À partir du XIXe siècle, la parole a été considérée comme plutôt féminine. Si les filles expriment plus facilement leurs émotions que les garçons, c'est lié à leur éducation : une mère confie davantage ses émotions à sa fille, et l'encourage à faire de même.
Cela reste encore vrai aujourd'hui, même si la tendance change un peu. Mais de toute façon, il existe aussi des garçons très à l'aise pour parler et des filles plutôt taiseuses.

> La danse est-elle un langage de l'amour ?

Inviter quelqu'un à danser lors d'une « boum » peut être une façon d'exprimer son désir, à défaut de le dire en clair. Cela a toujours existé dans l'histoire ! Au XIXe siècle par exemple, c'est souvent à l'occasion des bals que des fiançailles se contractaient. Refuser une danse peut être un moyen de dire non à quelqu'un de façon diplomatique. La danse à deux permet un dialogue des corps, qui échangent des vibratos émotionnels.

Il ne faut jamais donner une réponse dans l'urgence.

> Quel pouvoir ont les mots d'amour ?

Les mots ont différentes valeurs suivant les personnes. Pour ceux qui parlent peu, ils ont une grande valeur. Pour ceux qui parlent à tort et à travers, ils ont parfois moins de poids. Certains disent « je t'aime » ou « je t'adore » sans que ces mots soient vraiment importants. Il faut donc apprendre à juger le poids des mots, qui n'est pas le même chez chacun. Ceux qui ont peur qu'un mot d'amour pèse trop lourd peuvent le glisser au milieu d'autres phrases, qui servent de filet de protection. Parfois, le sentiment amoureux est si fort et il y a une telle réciprocité que les mots semblent superflus, comme dans la relation entre une mère et son bébé. Pourtant, les mots sont utiles pour maîtriser ses émotions et les faire avancer. Ils peuvent aussi aider à garder une distance quand les sentiments sont forts, à ne pas se fondre dans l'autre, à rester soi-même.

> Comment répondre à quelqu'un qui vient nous aborder ?

Il ne faut jamais donner une réponse dans l'urgence, sauf si on est sûr et certain que c'est non. Si on sent qu'on va être trop agressif, mieux vaut différer, pour préparer sa réponse. On a le droit de demander un délai : « Je te remercie pour tous ces compliments, mais j'ai besoin de réfléchir, je te répondrai à tel moment. »
On peut préciser qu'on a besoin d'abord de connaître l'autre un peu plus : cela laisse du temps pour réfléchir et donne une chance à l'autre de « faire la cour ». Il faut bien sûr être sincère et clair sur le fait qu'il n'y a pas de garantie. Il ne faut pas s'emprisonner dans des engagements que l'on ne pourra pas tenir.

> Pourquoi peut-on ressentir de la gêne quand on est dragué ?

Quand on est ado, on peut être gêné parce qu'on ne se sent pas prêt et qu'on ne connaît pas les règles de

comportements à adopter. On n'a pas envie de paraître en dehors du coup, surtout si c'est la première fois que ça arrive. Ou bien on ne sait pas comment dire non : on se sent un peu prisonnier du désir de l'autre.

> Comment dire non ?

On a toujours le droit de dire non, même si la personne insiste, se montre sûre d'elle, voire menaçante, et même si c'est quelqu'un de plus âgé ou qui a une forme d'autorité sur soi. Si on ne veut pas mettre l'autre mal à l'aise, il vaut mieux exprimer son refus en tête à tête. Quand on dit non, il faut le faire poliment et gentiment : une personne amoureuse est fragile, on n'a pas à être méchant avec elle. Si elle demande les raisons du refus, on n'est pas obligé d'argumenter : parfois, on ne sait pas très bien soi-même. Quelquefois, on le sait, mais, par gentillesse, on n'a pas envie de le dire. On peut répondre : « Tu sais, les sentiments ne se commandent pas. Je ne suis pas amoureux(se) de toi. Ce n'est pas que tu manques de qualités, c'est comme ça... » Si l'autre se montre insistant, on a le droit de se fâcher. Le fait qu'il soit amoureux ne lui donne aucun droit sur nous. Même s'il affirme : « Je suis malheureux à cause de toi », il faut refuser, et répondre : « Non, tu n'es pas malheureux à cause de moi, tu es malheureux à cause de tes sentiments. » On ne sort pas avec quelqu'un par pitié ou pour le consoler. Et si on se sent menacé, il ne faut pas hésiter à se plaindre à un adulte de son entourage.

« Sortir avec quelqu'un, qu'est-ce que ça veut dire ?

on se dit tout

« J'ai une copine depuis quelques jours et je la vois demain. Est-ce que je dois l'embrasser ? »

Kevin, 13 ans

« J'ai un problème. J'ai un petit copain, mais quand je suis avec lui, je ne sais pas trop quoi lui dire. Ce n'est pas que je n'arrive pas à lui dire "je t'aime", mais je ne sais pas trop de quoi lui parler. »

Jenny, 14 ans

« J'ai rendez-vous avec ma petite amie au cinéma et c'est la première fois que je sors avec une fille aussi jolie.
... SVP... Dites-moi comment faut-il faire avec elle dans le cinéma ? »

Hippolyte, 15 ans

« Je sors avec une fille, mais je suis plutôt du genre accroché... J'aimerais être présent avec elle mais pas collant, pourrais-tu m'aider à trouver une solution ? »

Lorenzo, 14 ans

« J'ai un copain qui a 15 ans et, moi, j'en ai 13. Il n'y a pas longtemps, il m'a demandé si je voulais coucher avec lui. Je l'aime vraiment et je me sens prête physiquement, mais je me trouve un peu trop jeune. De plus, je ne suis pas à l'aise toute nue. Que faire ? »

Pauline

« Je me demandais si c'est grave de sortir juste un après-midi avec une fille ? »

Lucas, 12 ans

« J'ai un gros problème, quand j'embrasse mon petit copain, j'ai la boule au ventre alors que je devrais être détendue. Cela fait plus d'un an qu'on sort ensemble et ça faisait pareil avec mes ex-petits copains ! »

Yasmine, 13 ans

« J'aime quelqu'un et lui m'aime aussi. Il voudrait me faire un bisou avec la langue mais moi je ne veux pas. Ou plutôt : je ne sais pas comment faire. C'est assez difficile et je ne sais pas comment lui dire. »

Yael, 11 ans

« Dans notre collège, on n'a pas le droit de se bécoter. Des petits bisous comme ça, mais rien de plus. Mais certains s'en fichent, ils le font quand même et n'ont pas honte. Moi, avec mon copain, c'est plus difficile parce qu'il est timide. Se dire "je t'aime", c'est difficile. On se le dit, mais par texto. C'est un mot important. Quand on le dit, c'est qu'on est vraiment amoureux. Mais je me sens trop jeune et pas prête pour avoir des rapports sexuels. En 3e, on n'est pas encore mûrs. Et puis je ne me forcerai pas à faire quelque chose dont je n'ai pas envie. »

Anaëlle, 14 ans

« Je n'ose pas embrasser mon petit copain, pourtant j'en ai envie ! À chaque fois que l'on rentre ensemble après le collège, je ne m'arrête pas devant chez lui... Aidez-moi ! »

Adèle, 12 ans

« J'ai 13 ans, je suis en 5e. J'aime un garçon, il m'aime aussi. Il a 16 ans. Il veut sortir avec moi mais j'hésite, car il dit que si l'on sort ensemble, il aimerait coucher avec moi. Et moi, je ne suis pas prête. Je ne sais pas quoi lui répondre, j'ai peur que si je lui dis oui, il me force à coucher avec lui. Mais je l'aime tant. Que dois-je lui répondre ? »

Aurélie, 13 ans

« J'écris à ceux qui disent : "Je ne sais pas si je l'aime, je ne sais pas si je vais sortir avec elle." C'est quoi, ça ? Pas besoin d'être amoureux pour sortir avec quelqu'un. On sort avec elle et si on est amoureux tant mieux, sinon tant pis, peut-être ça viendra et peut-être pas. Foncez quand même, il n'y a rien à perdre. »

Benjamin

pas de recette toute faite

Une fois qu'on s'est « déclaré », c'est officiel, on sort ensemble. Mais ensuite, que faire ? Y a-t-il un mode d'emploi ? Pas vraiment. Sortir ensemble, c'est apprendre à se découvrir, petit à petit, affectivement et physiquement. Ce n'est pas juste s'embrasser et s'en aller chacun de son côté !

Derrière les mots

Si tu dis à une personne âgée que tu sors avec quelqu'un, elle te rétorquera peut-être : « Vous allez à la piscine ou au cinéma ? » Pour toi, ado du XXIe siècle, « sortir avec quelqu'un » signifie un peu plus : nouer une relation privilégiée d'ordre amoureux, le plus souvent accompagnée de baisers et de gestes tendres.

Sortir de soi !

Sortir avec un garçon ou une fille, c'est avoir un petit ami, devenir « amis plus intimes », parce qu'on s'aime ou qu'au moins on est attiré l'un par l'autre. On passe du temps ensemble : à la récré, chez soi, en ville, au ciné... On discute : pour échanger ses idées, explorer ses univers respectifs... On apprend aussi à se découvrir, c'est-à-dire enlever sa carapace et montrer à l'autre qui on est, avec ses forces et ses faiblesses.

Se donner de l'amour l'un à l'autre

On manifeste qu'on n'est plus que de simples amis, par exemple par des mots doux glissés à l'oreille, griffonnés sur un papier ou envoyés par texto. On échange des gestes tendres : se donner la main, se prendre par l'épaule, se faire des câlins et des bisous.
Au collège, quand tu écoutes les copains, tu peux croire qu'il faut absolument faire ceci ou cela. En réalité, il n'y a aucune règle ! Chacun s'y prend à sa façon, sans se forcer ni brusquer l'autre.

Le baiser, une technique à maîtriser ?

Pour embrasser ton amoureux, l'essentiel est de te lancer quand vous en avez vraiment envie. Il n'y a pas de recette précise. On se dit oui avec le regard, on rapproche ses lèvres de celles de l'autre et... Quand on est plus à l'aise et qu'on se fait confiance, on peut s'embrasser avec la langue. Mais, encore une fois, ce n'est pas obligatoire. Il n'y a pas de vrais ou de faux baisers, il y a juste un moment intense à partager à deux.

Chacun son rythme

En matière de gestes intimes, il est normal d'y aller progressivement pour se respecter l'un l'autre et trouver une harmonie à deux. Si vous avez juste envie de vous tenir la main, surtout au début, pourquoi pas ? En amour, la tendresse est plus importante que la technique ! Y aller doucement permet de se rassurer et de rester détendu et donc spontané... Si tu angoisses à chaque fois que tu vas retrouver ton amoureux, parce qu'il ou elle va te demander des choses dont tu n'as pas envie, ce n'est pas normal ! À l'inverse, s'il ou elle te semble trop coincé, tu peux patienter, tout en l'encourageant à aller plus loin. Tout le monde n'a pas la même expérience, la même assurance, ni les mêmes désirs. Alors sois à l'écoute de l'autre, mais aussi de toi-même.

Sortir avec quelqu'un, c'est avoir un petit ami, devenir « amis plus intimes ».

Questions d'organisation

Quand on sort avec quelqu'un, il faut se mettre d'accord sur les moments où l'on se retrouve. Si tu n'as pas d'idées d'activités, tu peux demander à l'autre ce qui lui ferait plaisir, ou chercher discrètement de l'inspiration auprès des copains ! Attention, d'ailleurs, à ne pas trop te couper d'eux, ils pourraient te reprocher ensuite de les avoir ignorés... En tout cas, le plus important, avec ton petit ami, n'est pas forcément ce que vous faites, mais l'affection que vous vous témoignez. Se sentir choisi et accueilli par quelqu'un donne de la confiance en soi et de la joie !

Coup d'essai...

Parfois, on se sent de mieux en mieux ensemble et la relation dure. D'autres fois, elle ne fonctionne pas ou n'est pas à la hauteur de ce que tu t'étais imaginé. Peut-être que vous n'êtes pas encore tout à fait prêts à vivre une relation, ou que, finalement, vous ne correspondez pas vraiment l'un à l'autre... Ce n'est pas grave ! Et si tu n'es jamais sorti avec quelqu'un, tu n'es pas un nul pour autant. Au collège, certains se vantent en affichant la liste de leurs nombreuses conquêtes, mais dans ce domaine, il n'y a pas de score à atteindre !

Flirter n'est pas coucher

Certains peuvent vouloir découvrir l'autre jusqu'à l'acte sexuel. Pour cette rencontre très intime, il faut se sentir prêt et libre. C'est une envie tout à fait naturelle et que tu es bien sûr appelé à vivre dans ta vie, mais sans trop de stress ! C'est toujours plus beau et souvent plus facile quand c'est le fruit d'une vraie histoire d'amour. C'est une étape importante qui engage plus que ton corps, et dont tu te souviendras toute ta vie. C'est pour cela que, quand on est collégien et tout jeune débutant en amour, c'est souvent trop tôt. Si l'on te met la pression pour « le faire » ou que l'on menace de te quitter, tu n'as pas à te forcer.

Le jour où on y va

En France, l'âge moyen de la première relation sexuelle se situe entre 17 et

18 ans. Certains font l'amour avant cet âge, d'autres plus tard : la sexualité est une affaire de choix personnel. On peut vouloir attendre, ou ne pas en ressentir le besoin. Le jour où tu te sentiras prêt, où tu en auras très envie et où tu auras toute confiance en ton ou ta petit(e) ami(e), tu franchiras le pas ! N'oublie pas qu'une jeune fille peut tomber enceinte dès le premier rapport sexuel. Être père ou mère, c'est une fonction que tu n'es certainement pas prêt à assumer... Il est donc indispensable de choisir un moyen de contraception, ainsi que d'utiliser un préservatif, pour se protéger des maladies sexuellement transmissibles (MST) comme le sida ou la syphilis. Aujourd'hui, le préservatif est le seul moyen de se protéger contre ces maladies. Ce sont des questions délicates, sur lesquelles il est important d'avoir des informations précises ! Tu peux en discuter avec un adulte de confiance de ton entourage ou un gynécologue.

> Pour en savoir plus, tu peux appeler le **Fil Santé Jeunes**, une ligne d'écoute spécialement pour les ados, anonyme et gratuite. Compose le **3224** (tous les jours de 8h à minuit) depuis un poste fixe, ou le **01 44 93 30 74** depuis un téléphone portable (coût d'une communication ordinaire). Des médecins et des psychologues sont là pour répondre à toutes tes questions. Sur le site Internet **www.filsantejeunes.com**, tu trouveras aussi de nombreuses informations sur les questions sentimentales et sexuelles.

avec **Stéphane Clerget**

pour aller plus loin

> Pourquoi on ne sait pas toujours comment s'y prendre, surtout au début ?

Ce n'est pas toujours évident parce que, chez les êtres humains, la sexualité s'apprend : on ne naît pas en sachant flirter ou faire l'amour. Chez les êtres humains, l'amour s'apprend et s'expérimente avec tout notre être alors que, chez les animaux, c'est beaucoup plus instinctif, ils n'ont pas à réfléchir. Certains ados sont très à l'aise pour échanger des baisers et des caresses, et d'autres ne savent pas comment s'y prendre.
C'est normal d'être un peu maladroit. Les livres ne donnent pas de mode d'emploi, et chaque situation est particulière !

> Peut-on se donner des repères ?

On peut être spontané, mais en respectant certaines limites. Quand on a moins de 15 ans, « flirter », pour utiliser un vieux terme, c'est trouver du plaisir avec quelqu'un sans relation sexuelle aboutie. Il faut se comporter avec douceur pour ne pas contraindre l'autre, lui laisser la possibilité de guider ou de freiner quand il ou elle en a envie. Si l'on est mal à l'aise ou que l'on a peur de mal faire, le plus simple est de s'exprimer : « J'ai envie de te caresser les cheveux, de t'embrasser... » À l'autre de dire oui ou non ! Il faut penser à faire plaisir à la fois à soi et à l'autre.
Mais sortir avec quelqu'un, c'est aussi des échanges de paroles et être juste heureux d'être ensemble...

> Comment faire pour n'être ni coincé, ni collant ?

La bonne distance est très variable. Un garçon et une fille peuvent être contents de se coller, ou au contraire aimer garder une légère distance pour ne pas aller trop vite et mieux apprendre à se connaître. Cela ne veut pas dire qu'il y a plus d'amour dans un cas ou dans l'autre. Dans ce domaine, nous sommes influencés par la manière

Sortir avec quelqu'un, cela ne veut pas dire être avec lui ou elle tout le temps.

dont nos parents se sont comportés avec nous. Parfois, il n'est pas facile de discerner combien de temps passer ensemble et combien de temps consacrer à ses amis, à sa famille, à ses devoirs. Cela se décide à deux. Si on est du genre collant, il faut accepter de ne pas être tout pour l'autre : sortir avec quelqu'un ne signifie pas passer tout son temps avec lui ou elle. Mais face à une personne qui semble trop réservée, il ne faut pas avoir peur de proposer clairement : « J'aimerais que l'on se voie plus souvent, j'aimerais que tu m'embrasses... » Car l'autre ne peut pas toujours deviner. Il n'est pas comme nos parents !

> Sortir avec quelqu'un nous donne-t-il des devoirs envers lui ?

Il n'y a pas de loi ! Mais sortir avec quelqu'un répond à des règles non écrites qui correspondent aux us et coutumes de chaque culture. En Occident, sortir avec quelqu'un implique la sincérité (ne pas tromper l'autre sur ce qu'on attend de la relation), l'attention à l'autre, la prévenance et la discrétion (ne pas dévoiler les secrets reçus).

> Le garçon et la fille jouent-ils un rôle différent dans la relation ?

Certains prétendent que le rôle du garçon est de protéger la fille et de lui faire la cour, tandis que la fille, elle, devrait aider le garçon à être plus discipliné, à mieux travailler, à mieux se comporter, à mieux s'habiller... Mais dans la réalité, on n'est pas obligé d'appliquer un modèle-type masculin ou féminin ! Il ne faut pas hésiter à inventer d'autres rôles. L'important c'est qu'ils puissent se compléter.

> Doit-on tout se dire quand on sort ensemble ?

En amitié, on met du temps avant de se confier à l'autre : on le teste, on apprend à le connaître... En amour, on a l'impression de connaître l'autre depuis toujours, cela biaise les choses, alors que les premiers sentiments d'amour ne durent pas forcément toujours... Mais souvent, on ne peut pas s'empêcher de tout confier sans attendre ! En réalité, mieux vaut se donner du temps pour voir si l'autre est digne d'amour et de confiance. Rien n'oblige à exprimer rapidement à l'autre tous les sentiments que l'on ressent. Ce qu'il faut éviter, c'est de mentir. Le mensonge est un virus qui tue l'amour.

Les premiers sentiments d'amour ne durent pas forcément toujours.

> Les cadeaux nourrissent-ils la relation ?

Les cadeaux sont une façon concrète d'exprimer son attachement.
La valeur symbolique compte plus que la valeur matérielle : celle-ci n'est pas un critère de la valeur de l'amour.
Les meilleurs cadeaux sont ceux qui traduisent bien le message que l'on a envie de transmettre. Ce peut être aussi un objet que l'on crée soi-même ou une chanson que l'on écrit !
Certains offrent des cadeaux parce qu'ils ne sont pas très sûrs d'eux. Mais l'amour ne s'achète pas, et le cadeau ne doit pas servir à remercier de l'affection dont l'autre nous honore. Se donner soi-même dans une relation, c'est déjà un cadeau. Le cadeau fête l'amour, permet d'exprimer sa joie ; il n'est pas fait pour attacher l'autre davantage. Si l'on est couvert de cadeaux, on peut se sentir gêné ; il ne faut pas hésiter à le dire. Il faut notamment les refuser si l'on se rend compte que la personne se ruine ou vole de l'argent à ses parents.

> Pourquoi peut-on finir par s'ennuyer, quand on sort avec quelqu'un ?

L'adolescence correspond à un âge où l'on s'ennuie assez facilement. Si on s'ennuie avec soi-même, on peut aussi s'ennuyer à deux. Quand on connaît bien son amoureux, on peut l'introduire dans son cercle de copains et cela devient parfois plus sympathique. On peut ne pas avoir les mêmes centres d'intérêt, mais il ne faut pas hésiter à proposer à son amoureux des activités que l'on aime faire, et à accepter de découvrir les siennes. L'ennui peut aussi venir d'un manque d'amour réel. Quand on est fou d'amour, on ne s'ennuie pas avec l'autre !

> Sortir pour sortir, sans vraiment aimer, cela a-t-il un intérêt ?

Si certains le font, c'est qu'il y en a apparemment un ! Celui d'expérimenter un plaisir physique ou de « faire son malin ». Certains espèrent ainsi apprendre la technique pour sortir avec quelqu'un, en étant plus à l'aise que s'ils étaient engagés par des sentiments. Enfin, ça occupe ! Mais, dans la durée, ce n'est pas forcément la voie idéale pour trouver l'amour ou s'y préparer.

> Quelles sont les conditions idéales pour « faire l'amour » pour la première fois ?

Il faudrait que trois choses en soi en aient envie : le corps, la tête et le cœur. C'est-à-dire que, en s'imaginant faire l'amour avec l'autre, cela provoque une excitation physique, la raison est d'accord, et l'on ressent des sentiments pour cette personne. Bien sûr, une seule de ces conditions peut suffire, mais les trois sont conseillées, pour que la première fois se passe bien.

> À quoi ça sert, finalement, de sortir avec quelqu'un quand on est collégien ?

Cela sert à explorer les méandres de l'amour, ses différentes couleurs, la palette d'émotions qu'il peut faire ressentir ! Un peu comme quelqu'un qui ferait différents sports pour tester différents types d'efforts. Et puis, au contact de l'autre, on apprend à se connaître soi-même : dans l'intimité, on est comme face à un miroir. Ce n'est pas le même miroir que dans la bande de copains : c'est le miroir de ses émotions, qui révèle des fragilités ou des forces qu'on ne percevait pas avec les copains. Enfin, on apprend aussi à s'ouvrir à une personnalité très différente de la sienne. En grandissant, on découvre que l'amour, c'est justement l'union des différences...

« Du blabla, des histoires, et des complications...

on se dit tout

« Au collège, le sujet principal, ce sont les histoires de cœur.

Faites un copier-coller des *Feux de l'amour* et vous avez la vie des ados ! Entre les "je sors avec", "je ne sors plus avec", on ne sait plus où donner de la tête. L'amour, ce n'est pas facile. Les personnes qui savent qui vous aimez veulent tout savoir, son prénom, son âge, comment il est... C'est pour ça que la plupart des amoureux préfèrent garder leurs petits secrets ! »

Louise, 13 ans

« Les histoires d'amour, c'est énervant que tout le monde le sache. Alors je brouille les pistes. Ils ont peut-être leur idée, mais c'est faux, à la fin ils ne savent pas qui tu aimes ! »

Dylan, 11 ans

« J'aime une fille qui m'aime, je suis sorti avec elle trois fois, je voudrais que ça recommence mais j'ai peur de la quitter à nouveau et de la faire souffrir. »

Rayane, 14 ans

« Au collège, je ne reste qu'avec des filles, ce qui fait qu'on me prend pour un « homo »... Pourquoi pense-t-on ça et comment leur faire comprendre le contraire ? »

Lemine, 15 ans

« Moi et ma copine, on est fou amoureux, et on flirte. J'ai peur de le dire à mes parents. Ma mère dirait sûrement que flirter n'est pas de mon âge. Elle a sûrement raison mais, l'amour, ça ne se commande pas. Je ne sais pas quoi faire. »

Pierre, 12 ans

« J'ai un super problème : je sors depuis quelques semaines avec le copain de mon meilleur ami, mais depuis que je lui ai annoncé la nouvelle, il ne me parle plus. Je pense qu'il est jaloux... Que faire ? »

Lisa, 13 ans

« J'ai un problème car ma meilleure amie est amoureuse du même garçon que moi. On le trouve beau toutes les deux et on veut toutes les deux sortir avec lui. Que dois-je faire ? »

Adélia, 13 ans

« Mon meilleur ami venait de se séparer d'une fille et il m'a fait promettre de ne jamais sortir avec elle. En échange il m'a assuré qu'il ne sortirait jamais avec la fille que j'aimais (et que j'aime encore un peu). Il n'a pas tenu sa promesse (il sort avec elle), tandis que, moi, je l'ai tenue. Faut-il gâcher une amitié contre une histoire d'amour ? Ne devait-il pas s'abstenir de sortir avec elle s'il voulait conserver mon amitié ? »

Maroun, 12 ans

« J'aime deux gars dans ma classe, un des deux est très sympathique, il me fait rire et c'est vraiment quelqu'un de génial. L'autre est un vrai "bad boy", il a l'air d'être quelqu'un qui se fiche de tout et qui va contre les règles, mais au fond, s'il n'est pas autour de ses copains, il est super sympa, il fait rire et c'est un grand séducteur. J'aime les deux même s'ils sont contraires. Lequel choisir ? »

Emma,13 ans

« L'année dernière, je suis sortie avec un garçon et je l'aimais à la folie. Je l'ai lâché au bout de trois mois car je ne l'aimais plus. Il m'a redemandé de sortir avec lui et je ne sais pas quoi dire. Je ne suis pas sûre de l'aimer mais, d'un côté, j'adore rester avec lui. Qu'est-ce que je peux faire ? »

Marie, 13 ans

« Au secours, j'aime un mec de ma classe, j'aimerais sortir avec lui, mais le problème c'est que les autres de la classe sont de vrais gamins et j'ai peur qu'on se moque de moi. Et aussi un autre problème : mes parents, s'ils apprennent ça, je me ferai tuer car pour eux, sortir avec un mec, c'est pour les plus grands. »

Alison, 14 ans

la réponse de Noélie

et blablabla...

« Tu ne sais pas ? Il faut que je te raconte ! », « oh mince, elle sort avec lui », « psss, regardez, voilà les amoureux qui arrivent », « oh, là, là, je ne sais pas quoi faire... », « que va dire ma mère ? » Les histoires de cœur, c'est de la prise de tête et même parfois de la prise de bec !

Fluctuants, les sentiments !

L'amour, c'est toute une histoire ! Les contes disent comment « il » et « elle » se sont rencontrés, puis après quelques péripéties, comment ils « se marièrent, vécurent heureux et eurent beaucoup d'enfants ». Dans la vie, on n'avance pas toujours aussi droit. On ne sait pas d'avance qui est « le bon » ou « la bonne », on attend son tour, on tombe amoureux, on fait un pas, on recule, on hésite, on joue au chat et à la souris, on se lance, on jubile, on s'illusionne, on souffre, on croit qu'on ne s'y laissera plus prendre, on change d'avis, on se laisse à nouveau surprendre ! Il y a un tas de choses à raconter : à soi-même (dans sa tête, son blog ou son journal intime) et à ses amis.

De quoi occuper tout le monde

Sans histoires d'amour, la vie aurait-elle autant de piquant ?
Au collège, les intrigues vont bon train.
Les dragueurs s'activent,
les frimeurs exposent leurs conquêtes,
les discrets se cachent dans leur coin,
les jaloux ruminent dans l'ombre,
les entremetteurs interviennent,
les moqueurs ricanent, les perturbateurs menacent, des admirateurs secrets font circuler des messages anonymes, parfois cachés dans des paquets de mouchoirs. Il y a des petits bruits de couloir et des gros ragots.
Une vraie pièce de théâtre !

Officiel ou discret

Choisis-tu la scène ou les coulisses ?
Côté scène : tu étales ton histoire aux yeux de tous, parfois pour leur prouver quelque chose. C'est accepter qu'ils y mettent leur grain de sel, pour le meilleur et pour le pire !
Côté coulisses : tu vis un amour discret, pour garder une intimité ; seuls les bons amis ont droit à quelques confidences.
Dans les deux cas, c'est toujours à toi de faire les choix de « ta vie sentimentale ». Sortir avec quelqu'un ou rompre à cause de la pression des autres, c'est trop bête !
Pour garder sa beauté, une relation amoureuse doit être un minimum protégée du regard des autres...

Les règles de l'amour

Entre amis, on peut « flasher » sur la même personne. Ces petites « concurrences amoureuses » font partie de la vie... Il faut essayer de faire au mieux pour respecter chacun. Briser un couple sous prétexte qu'on est amoureux ? La tentation peut être grande, mais les sentiments ne donnent pas tous les droits. Aimerais-tu, toi, que l'on vienne te « chiper » ta dulcinée ? Enfin, une relation amoureuse se fonde sur la confiance : si il ou elle va voir ailleurs, joue de sa séduction, et que cela te blesse, parle-lui-en avec franchise.

Papa et maman, vous êtes ok ?

Tes parents sont responsables de ton éducation, de ta santé et de ta sécurité. Ils cherchent à éviter que tu n'ailles trop vite vers une relation amoureuse adulte, avec sexualité. Il est normal qu'ils posent des interdits. Tu es tenu de leur obéir. Mais ils ne sont pas là pour te brimer ou t'empêcher d'aimer !
Et puis, en amour, on a toujours le droit d'avoir son jardin secret.
Plus tu seras capable de poser toi-même des limites, plus ils te feront confiance pour tes histoires de cœur. Cela signifie par exemple rentrer à l'horaire prévu, garder de bons résultats scolaires, ne pas se mettre en danger... À toi d'être digne de cette confiance !

avec **Stéphane Clerget**

pour aller plus loin

> Pourquoi les histoires d'amour sont-elles des « histoires » ?

Comme toute histoire, elles ont un début, un milieu et une fin, et elles peuvent se raconter. Ce qui définit aussi une histoire, c'est qu'elle est unique ! Sur terre, depuis des siècles et des siècles, il y a eu des milliards et des milliards d'histoires d'amour, mais chacune était unique. Parce qu'elle unit deux individus uniques, qui construisent leur histoire progressivement : rien n'est jamais écrit à l'avance ! C'est un voyage à deux. Des histoires d'amour, il y en a de belles, de mauvaises, de trop courtes, de trop longues, d'ennuyeuses, de passionnelles...

> Est-ce normal de changer d'avis, en amour ?

Bien sûr, on a le droit de changer d'avis, car on n'est pas forcément certain de ses sentiments, surtout à l'adolescence. L'hésitation est propre à cette période de la vie : on a envie et pas envie à la fois. C'est également un âge où les détails prennent une importance énorme.
À cause d'une toute petite chose, on peut avoir une envie d'entrer en contact avec quelqu'un, alors qu'auparavant on n'avait rien remarqué de spécial en lui.
De même, une simple parole ou une attitude peut faire soudain disparaître l'intérêt qu'on lui portait. Un peu comme si le miroir se brisait...
C'est pour cela qu'il n'y a jamais d'urgence à dire oui : il vaut mieux dire non d'abord et dire oui ensuite, si on regrette. Le temps permet de connaître l'autre et éventuellement d'éprouver le désir. Le jour où l'on se lancera, la satisfaction sera d'autant plus forte ! Si le désir disparaît, c'est qu'il n'était pas vraiment vivace.

> Oui, mais en amour, il faut parfois ne pas « louper le coche »...

Pour aimer et être aimé, il faut en effet avoir la chance que ça tombe au bon moment pour les deux personnes, une fois qu'on est prêt. Quand une personne se déclare, on n'est pas forcément amoureux d'elle. Un an après, nos désirs peuvent avoir évolué. L'autre nous apparaît différemment, et on a envie de lui dire oui.
Si on a commencé par lui dire non, il n'y a pas de garantie que le sentiment amoureux soit toujours présent chez lui. Mais on peut essayer : qui ne tente rien n'a rien ! Si l'autre dit non, cela peut être parce que son sentiment s'est envolé. Il ne faut pas regretter, cela veut dire que même si on avait dit oui à l'époque, la relation n'aurait pas forcément duré.

> Comment faire si, entre amis, on tombe amoureux de la même personne ?

On pourrait se dire qu'entre amis il est normal d'avoir des goûts en commun, et donc de tomber amoureux des mêmes personnes. Mais en fait, c'est rarement vrai. Tomber amoureux de la même personne que son ami peut être un moyen inconscient de le (la) suivre, de se rapprocher de lui (elle) en entrant dans son intimité. Il faut donc bien réfléchir et se demander si on est vraiment amoureux. Le mieux est de laisser la personne désirée choisir. Elle a de toute façon son mot à dire !

Pour aimer et être aimé, il faut avoir la chance que ça tombe au bon moment pour les deux.

> Faut-il privilégier l'amour ou l'amitié ?

Si un des deux, l'amoureux ou l'ami, nous met au pied du mur et nous demande de renoncer à l'autre, il s'agit d'un abus de pouvoir.
Au nom de l'amitié, on doit respecter que notre ami ait une histoire d'amour. Au nom de l'amour, on doit respecter que notre amoureux ait des amis. Derrière ces exigences, on peut écouter la souffrance de la personne, et faire en sorte de ne négliger ni l'un ni l'autre, en trouvant un équilibre dans le temps consacré à l'un et à l'autre. Si ce n'est pas possible, que celui qui ne l'admet pas s'en aille...

> Pourquoi certaines filles fantasment-elles sur le « bad boy » du collège ?

Pour une fille, sortir avec un garçon est une manière de sortir des jupes de sa mère, donc de s'éloigner des règles parentales. C'est pour cela qu'elle peut avoir envie de s'acoquiner avec un garçon qui a l'air de transgresser les règles. Ces garçons paraissent un peu plus grands et autonomes ; en réalité, ils ne sont pas forcément plus matures ! À l'inverse, il y a des garçons extrêmement sages qui tombent amoureux de filles intrépides. De façon générale, la différence attire, la différence de tempérament crée un désir.

> Pourquoi un garçon qui traîne avec des filles est-il parfois « traité d'homo » ?

À l'adolescence se crée souvent une distance entre filles et garçons. Un garçon qui traîne avec des filles parvient en général à être leur complice parce qu'il partage leurs centres d'intérêt, sans pour autant sortir avec elles. Les autres garçons, le voyant se comporter « comme une fille », en concluent qu'il a une orientation homosexuelle. Il est possible que ce soit le cas, mais pas forcément. On peut très bien avoir des centres d'intérêt proches des filles et ne pas ressentir de désir sexuel pour les garçons. L'expression « traité d'homo » n'est de toute façon pas adéquate, puisque « homo » n'est pas une insulte.

> Pourquoi ressent-on à la fois le besoin de raconter son amour à ses amis et, à la fois, de le protéger par le secret ?

On a envie de raconter, parce qu'on est content et qu'on veut partager son bonheur. On peut aussi avoir besoin des éclairages des autres. Et puis cela fait du bien d'évacuer ses émotions. En même temps, par pudeur, on n'a pas envie de livrer toute son intimité. Sans compter que l'autre nous a confié des choses sous le sceau du secret. Parler de soi et de sa relation, c'est aussi parler de l'autre, et on peut avoir l'impression de le trahir si on parle trop… Désormais, on livre son intimité davantage à son petit ami qu'à ses amis.

De façon générale, la différence attire, la différence de tempérament crée un désir.

> Pourquoi certains aiment-ils se mêler des histoires d'amour des autres ?

Parce que l'amour les préoccupe et qu'ils veulent savoir si les autres ressentent des choses équivalentes. Sans compter que cela peut les exciter ! Parfois, on vit des histoires d'amour

par procuration... Par ailleurs, il est normal de s'intéresser à la vie de ses amis, si on les aime.
Un ami peut aussi avoir besoin de comprendre ce qui se passe, surtout si l'histoire d'amour en question a des conséquences sur la relation amicale.

> Les parents ont-ils à s'en mêler ? Pourquoi cela les touche-t-il parfois de si près ? Pourquoi peuvent-ils interdire ?

Pour des parents, ce n'est pas forcément facile de voir leur enfant sortir avec quelqu'un. C'est le signe qu'il se détache d'eux ! Cela peut réveiller également leurs propres tourments amoureux. Cela les remue ! Ils peuvent être aussi contents, bien sûr, de voir leur enfant grandir, se prendre pour un adulte. Ils peuvent être inquiets parce qu'ils assimilent « sortir avec quelqu'un » avec « avoir une vie sexuelle » (il est vrai que le pas peut être vite franchi). Et ils peuvent craindre qu'on abuse sexuellement de leur enfant. Ils ont donc besoin d'être rassurés. Sortir avec quelqu'un de son âge n'est pas un délit. Cependant certains parents interdisent à leur ado de sortir avec quelqu'un : c'est leur droit en tant que parent. En tant qu'ado, il faut alors essayer de comprendre ce qui les bloque : est-ce pour des raisons morales ? religieuses ? est-ce parce qu'ils trouvent que la personne que l'on aime ne présente pas assez de garanties ? Ce sont des choses dont il faut prendre le temps de discuter avec ses parents, éventuellement avec l'aide d'un autre membre de la famille qui sert d'intermédiaire. On peut alors trouver un terrain d'entente.

« Les petites maladies de l'amour...

on se dit tout

« J'ai un énorme problème !!

Je m'attache trop vite aux filles et je tombe très vite amoureux, mais elles me disent à chaque fois la même chose : "je t'aime bien mais je n'ai pas envie qu'une si belle amitié se brise..." ou "je préfère qu'on reste amis." Help me please !! »

Yannick, 14 ans

« *À chaque fois que je rencontre un garçon mignon, je m'attache et je tombe amoureuse. Comment faire ?* »

Une fille de 13 ans

« J'aimais un garçon de ma classe. Un jour, je lui ai demandé de sortir avec moi et il a dit oui, mais quand il m'a parlé de l'embrasser, j'ai pris peur et je lui ai dit que c'était une blague. Pourtant, ça fait longtemps que je rêve d'embrasser un garçon ! »

Gabrielle, 13 ans

« J'ai un petit copain depuis quatre mois et tout se passe bien, sauf qu'à chaque fois qu'il veut me dire quelque chose d'important comme m'inviter au cinéma, ou me prendre la main, il le fait passer par sa meilleure amie. Au début, ça ne me gênait pas. Maintenant, ça m'agace. C'est comme si je lui faisais peur. Je ne sais pas quoi faire pour que ça change ! »

Sara, 13 ans

« J'ai un problème avec ma personnalité. J'ai une petite amie que j'aime et nous nous entendons très bien mais je ne peux pas m'empêcher de draguer d'autres filles. Je voudrais délaisser cette mauvaise attitude, mais je n'y arrive pas. »

Tanguy

« Je connais un garçon qui se vante beaucoup. Dès qu'une fille le regarde, il est persuadé qu'elle est amoureuse de lui. Une fois, il est allé en voir une et il s'est pris un gros râteau, mais il continue à croire qu'elle l'aime. »

Kevin, 14 ans

« Je sors avec un garçon et ça se passe super bien entre nous. Le problème, c'est que toutes les filles de ma classe sont toujours collées à lui. J'en ai marre. Qu'est-ce que je peux faire ? »

Agathe, 12 ans

« Lorsqu'un garçon me plaît, je fais mon possible pour qu'il me remarque. Après, j'essaye de le séduire. Et s'il me résiste, ça me donne encore plus envie de réussir à "l'avoir". Je m'acharne. Et dès que je sors avec lui, je suis contente, j'ai enfin réussi. Mais, peu après, je me lasse et il me fait pitié. Je regrette ce que j'ai fait, et je casse. Je crois qu'il n'y a plus rien d'intéressant puisque j'ai réussi. Mais heureusement, je m'en suis rendu compte à temps avant de faire d'autres bêtises dans ce genre. J'ai décidé de ne plus jamais m'intéresser aux garçons. Est-ce la bonne solution ? »

Claire, 13 ans

« J'ai un problème, je ne peux pas rester plus de trois jours sans être amoureuse. J'en ai parlé avec mes amies, elles disent qu'il y a d'autres problèmes plus importants. Je suis d'accord avec elles, je suis vraiment gênée d'être comme ça. Dès que je ne suis plus amoureuse, je fais une dépression, mes notes chutent et je vais même jusqu'à ne plus manger. Parfois, cela dure un mois, voire plus, jusqu'à ce que je trouve le garçon "idéal". Je ne sais vraiment plus quoi faire et mes parents sont en colère quand je fais une "chute de notes". »

Jennifer

« Mes parents ne se supportent plus, ils se haïssent, et le climat est invivable pour moi et ma petite sœur. Ma maman me confie des secrets trop personnels : elle est tombée amoureuse et elle sort avec le type en question, et mon père se rend compte de cela, il ne mange plus rien, sa santé se dégrade. Je me sens impuissante... Je ne sais pas comment agir pour qu'au moins ma petite sœur ne souffre pas de cette situation. »

Séverine, 14 ans

la réponse de Noélie

quel amoureux es-tu ?

L'amour est un sentiment si intime qu'il nous touche au plus profond. Il révèle nos travers et nos fragilités. Te reconnaîtras-tu dans un de ces portraits ?

Le cœur d'artichaut

Tu tombes amoureux à tout bout de champ. Un sourire mignon... et te voilà attendri.

Le + : Tu as un cœur, c'est beau...

Le - : En aimant « trop » de monde, ton cœur se disperse, tu risques de souffrir...

Une piste possible : Apprendre à repérer ce qui est le plus important chez quelqu'un. Cela te forcera à sélectionner davantage tes affections amoureuses.

Le frigo

Tu te blindes et ne te laisses pas facilement approcher quand il s'agit d'aller un peu plus loin que l'amitié.

Le + : Tu dissuades rapidement les « faux » amoureux. Le jour où tu t'ouvriras à quelqu'un, c'est que tu l'aimeras vraiment.

Le - : Tu peux dissuader les « vrais » amoureux, trop timides pour franchir la barrière.

Une piste possible : Essayer de laisser ton cœur fondre progressivement à la chaleur des autres, et te dire qu'ils ne sont pas là pour te faire du mal. Dans la vie, s'ouvrir à la relation est ce qui rend heureux !

Le don Juan, la séductrice

Tu séduis, mais tu ne te donnes jamais à quelqu'un dans une véritable relation.

Le + : Tu prends du plaisir et tu as l'impression de « profiter » de la vie.

Le - : Tu « profites » en réalité

des autres, qui peuvent se sentir trompés et peu respectés.

Une piste possible : Essayer de réfléchir. Pourquoi as-tu autant besoin de te rassurer sur ta capacité à séduire ? N'as-tu pas des qualités qui te rendent digne d'être aimé ? Aimerais-tu que l'on agisse ainsi avec toi ?

L'éternel bon copain

On te trouve très sympathique, on t'invite parce que tu mets l'ambiance et que tu es toujours gentil. Mais faire de toi un petit ami, les autres n'y pensent même pas.

Le + : Tu as plein d'amis des deux sexes, ce qui est une grande source de joie.

Le - : Tu n'es jamais considéré comme « quelqu'un qu'on peut aimer », cela te rend triste.

Une piste possible : Oser se montrer sous un autre jour. Si tu es toi-même, sans forcément faire le clown, et te montres intéressé par l'amour, les autres pourront changer leur regard.

L' intello coincé

Tu as de très bonnes notes et des idées intéressantes sur tous les sujets, mais tu as du mal à séduire.

Le + : Comme tu n'es pas un dragueur, on te prend au sérieux, y compris en amour.

Le - : On peut avoir peur de s'ennuyer avec toi. Tu peux paraître distant ou méprisant, alors que tu es juste timide et ne sais pas comment t'y prendre.

Une piste possible : Se détendre, se relâcher, être cool. Ce n'est pas parce que tu es érudit que tu n'aimes pas rire. À toi de le montrer !

Le jaloux

Tu crains en permanence que ton ou ta chéri(e) aille voir ailleurs, tu aimerais ne l'avoir que pour toi. Cela te rend irritable et possessif.

Le + : Tu es soucieux de ta relation amoureuse et veux la faire durer.

Le - : Tu peux passer plus de temps à être inquiet et à surveiller l'autre qu'à l'aimer véritablement.

Une piste possible : S'interroger sur ce qui te paraît si menaçant : tu n'as pas confiance en toi ? en l'autre ? Quelqu'un t'a déjà trahi ?

avec **Stéphane Clerget**

pour aller plus loin

> Que faire quand on a des problèmes qui nuisent à notre « vie amoureuse » ?

Une fois qu'on en a pris conscience, il faut l'annoncer à la personne que l'on aime, ne serait-ce que pour avoir son soutien. Si l'on en souffre ou que l'on fait trop souffrir les autres, on peut essayer de réfléchir à la cause de ce problème. Mais les choses évoluent, ce n'est pas parce qu'on a un type de comportement à 13 ans que cela durera toute la vie !

> La jalousie est-elle une marque d'affection ou bien un tue-l'amour ?

La jalousie est normale, surtout à l'adolescence. Plusieurs choses peuvent la nourrir : le manque de confiance en soi, mais aussi le fait d'être persuadé qu'on ne mérite pas notre amoureux et qu'elle ou il peut trouver mieux que nous. On idéalise nos copains du même sexe, on admire leurs qualités : « Cet autre garçon est tellement attirant ! J'en serais triste, mais je comprendrais que la fille que j'aime aille plutôt avec lui. »
La jalousie trouve aussi sa source dans l'attention exclusive que nous portaient nos parents quand on était petit. On a envie, de la même façon, d'être au cœur des préoccupations de la personne aimée. Il est normal, quand on est engagé affectivement avec quelqu'un, d'avoir besoin de passer en priorité à ses yeux, mais ce n'est pas parce qu'on aime quelqu'un que cette personne nous appartient. Il est normal qu'elle dialogue et entre en relation avec d'autres personnes, y compris de l'autre sexe.

> Que faire si on a l'impression d'être vivant uniquement quand on est amoureux ?

L'être humain a besoin d'aimer et d'être aimé. Quand on a l'impression que la vie n'a pas trop de sens, on peut se raccrocher à l'amour comme à une bouée et en devenir dépendant. L'amour maintient en vie ! Certains en font alors un mode de fonctionnement. Il faut se poser la question : ce dont on a impérativement besoin, est-ce de tomber à chaque fois amoureux de nouvelles personnes, ou d'aimer une personne en particulier et d'être aimé par elle ? Dans le premier cas, il s'agit plutôt d'être amoureux de l'amour : on a besoin de stimulations nouvelles, un peu comme d'une drogue. Peu importe le partenaire ! C'est une façon de vivre dans la rêverie. C'est agréable un temps, mais on ne peut pas vivre que d'amour et d'eau fraîche ! On a besoin d'amour, mais aussi de vivre le reste de l'existence. C'est pourquoi l'idéal est de trouver un jour la personne que l'on aime tellement que l'on a envie de vivre l'existence avec elle, avec ses hauts et ses bas.

On ne peut pas vivre que d'amour et d'eau fraîche !

> Pourquoi certains évitent-ils la personne aimée ?

L'évitement est ce qu'on appelle une « anxiété sociale », la peur du contact avec les autres. C'est une forme extrême de timidité, qui peut être passagère pendant l'adolescence. Un ado peut être attiré par quelqu'un et finalement se retrancher parce qu'il a peur de son désir.

> Pourquoi l'amour peut-il faire peur ?

Parce que l'être humain ne supporte pas de ne pas maîtriser la situation. Les êtres humains aiment bien mettre du béton partout pour ne pas laisser trop de place à la nature, à la forêt vierge et à la jungle. Avec nous-mêmes, on fait pareil. L'amour et la sexualité sont un peu notre jungle. Alors on essaye de les contrôler, de les délimiter. Sortir avec quelqu'un constitue toujours une prise de risque, car on donne de soi, de ses sentiments, de sa présence, on s'investit. En cas de déception ou de trahison, c'est douloureux. Mais en amour, on ne peut jamais être sûr de tout !

> Est-ce par refus d'être manipulé que certains se protègent de l'amour ?

Effectivement, certains ne supportent pas l'idée de dépendre de quelqu'un. Ils se méfient de l'amour. En général c'est parce que, plus jeunes, ils ont été blessés par l'amour. Pas forcément un amour « amoureux » ! Il peut s'agir, par exemple, de ruptures au sein

de leur famille : une personne très proche qui est partie, ou le divorce de leurs parents... Ces déceptions affectives entraînent une méfiance vis-à-vis de l'attachement.
Ces personnes-là ont peur, si elles s'attachent à quelqu'un, de ressentir à nouveau de la douleur. Elles font attention où elles mettent les pieds et, parfois, se contentent de le prendre, leur pied ! C'est-à-dire de prendre juste le plaisir de l'amour sans s'engager vraiment, pour ne pas souffrir...

> Pourquoi, dans leurs relations amoureuses, certains font-ils toujours ce qu'il ne faudrait justement pas faire ?

C'est ce qu'on appelle les « conduites d'échec ». Quand on est débutant, c'est un peu normal. La peur de la relation amoureuse peut pousser, de façon inconsciente, et alors qu'on a très envie de sortir avec quelqu'un, à faire tout pour que cela ne marche pas. On ne sait pas mettre en avant ses qualités et on ne présente à l'autre que ses défauts, on arrive en retard au rendez-vous, on ne dit pas un mot lors de la rencontre ou l'on se montre désagréable... Une conduite d'échec, cela peut être aussi de ne tomber amoureux que de personnes qui semblent être hors d'atteinte, avec lesquelles on est pratiquement certain qu'il n'y aura pas de réciprocité : ce n'est pas la meilleure façon de rendre la relation amoureuse possible ! Cela peut être lié à une trop grande timidité, un manque de confiance en soi ou une peur de la relation.

Quand on quitte l'enfance, on bascule dans quelque chose qui à la fois donne des complexes et à la fois fascine.

> Pourquoi certains sont-ils persuadés qu'ils suscitent l'amour chez presque tout le monde ?

On dit de ces personnes qu'elles sont « érotomanes ». Elles le sont soit parce qu'elles s'aiment énormément et projettent dans la tête des autres l'amour qu'elles ont pour elles-mêmes, soit parce qu'elles ont un tel manque affectif qu'elles ont besoin de se persuader qu'on est fou d'elles. Mais à l'adolescence, cette tendance est un peu normale. Quand on quitte l'enfance, on bascule dans autre chose qui à la fois donne des complexes et à la fois fascine. Certains peuvent se sentir irrésistibles, grâce aux nouveaux pouvoirs physiques ou intellectuels qu'ils découvrent et qui les fascinent. Ils peuvent avoir l'impression d'être le roi du monde ou la reine de Saba !

> Si des parents ont des problèmes en amour, cela déteint-il sur leurs enfants ?

Chaque destin amoureux est individuel ! On ne répète pas forcément les errements de ses parents. Si on est témoin de leurs difficultés, on a appris des choses sur l'amour, cela peut même nous aider. De leurs erreurs, on peut tirer des leçons. En tout cas, les ados ont tout intérêt à se protéger, à prendre leurs distances, à refuser d'être le confident ou le conseiller sentimental de leurs parents, qui doivent plutôt s'adresser à d'autres personnes extérieures à la famille, des professionnels par exemple. Ce que peuvent faire les enfants, c'est dire à leurs parents combien cette situation les fait souffrir... Ils n'ont pas à être impliqués dans les choix de leurs parents. De même, on n'a pas à trop impliquer ses parents dans ses histoires à soi.

« Au secours ! il n'y a pas ou plus d'amour...

on se dit tout

« J'ai l'impression que mon petit copain n'est plus amoureux de moi. **En ce moment, il ne fait plus attention à moi comme avant quand il me portait mon sac ou relevait ma chaise en classe… »**

Justine, 12 ans

« Par une belle après-midi de fin de trimestre, en salle de permanence, je lui ai dit que je l'aimais. Il a répondu : “Tu es très sympa, tu es mon amie, mais j'aime une autre fille.” Là, le monde s'est écroulé. »

Karma, 12 ans

« Je sors avec un garçon depuis trois semaines et je suis presque sûre de ne plus l'aimer… Je ne sais pas quoi faire… Dois-je rompre ou continuer ? Je ne sais pas ! Comment lui expliquer ? »

Leila, 12 ans

« J'ai un gros problème : un garçon qui, depuis qu'il sait que je l'aime, me déteste à 80 %. J'ai beau trouver des prétextes pour lui parler, c'est à peine s'il me répond. D'ailleurs, je dois lui passer une photo, mais j'ai peur qu'il m'envoie balader… J'aimerais une solution ! »

Une fille de 12 ans

« J'ai demandé à une fille de sortir avec moi, elle m'a dit non. Je ne lui en veux pas, et j'essaye de passer à autre chose. Le problème, c'est que je pense à elle tout le temps !!! Comment faire pour passer à autre chose ??? »

Nicolas, 13 ans

« J'ai un petit copain qui s'appelle Thomas, on ne se voit pas souvent et on n'est pas dans le même collège, et une amie m'a dit qu'il sortait avec une autre fille.
Moi je ne voulais pas le plaquer, je l'aimais trop. On s'est remis ensemble, mais j'ai peur qu'il sorte toujours avec elle. Comment lui faire confiance ? »

Natacha

« J'ai un gros problème : il y a environ six mois, je sortais avec un garçon et maintenant, on a cassé ! Moi je me suis trouvé un gars, lui une fille, mais il ne me calcule plus !! Que faire pour qu'il me dise un simple bonjour ? »

Sophie, 12 ans

« Mon ex vient toujours à l'arrêt de bus pour me voir, alors que je lui ai dit deux fois par courrier de ne plus venir. Depuis son cadeau pour la Saint-Valentin devant tout le monde, les autres du bus me mettent la pression. La rumeur est passée par tout le collège ! J'en ai marre ! Il vient à l'arrêt du bus comme si j'étais d'accord ! HELP ! »

Léa, 13 ans

« Je suis partagée entre deux sentiments : l'amour et la haine ! Je pense que j'aime un mec, mais quelquefois, j'ai l'impression de le détester ! »

Zoé, 11 ans

« Depuis l'année dernière je suis amoureuse d'un garçon qui me considère comme une petite sœur. Mais j'ai accepté de sortir avec un autre garçon alors que j'ai encore des sentiments pour le premier. Que dois-je faire ? »

Stella, 12 ans

« L'amour, ça fait souffrir. Il y a des cas où ça peut aller jusqu'au suicide. Souvent des personnes se mutilent le bras avec des ciseaux.
Il y a une fille que j'aime beaucoup, une amie. Un garçon était amoureux d'elle, il lui a dit. Elle, elle se sentait mal parce qu'elle ne voulait pas lui faire de mal. Elle pleurait tout le temps, et elle se mutilait. Ça m'est déjà arrivé de faire ça. Maintenant, je me dis que c'est bête. Ça me fait honte. Sur le coup, tu as mal, mais ça ne te fait rien. C'est une façon de se punir soi-même. "S'il souffre, c'est à cause de moi", disait mon amie qui se mutilait. Moi, c'était une preuve que j'aimais Anaïs. Elle ne l'a jamais su. »

Rayan, 15 ans

la réponse de Noélie

les larmes de l'amour

Ah, l'amour ! Il fait rêver, vibrer, mais parfois aussi pleurer. On croyait que ce serait oui. Mais non. On croyait qu'on marcherait toujours ensemble... Mais on se sépare. Les chagrins d'amour font partie de la vie. Heureusement, avec le temps, on peut se relever, pour continuer à aimer.

Dis-moi oui !

Et non... Ton cœur s'est emballé, tu croyais le bonheur à portée de main. Tu vas lui en parler, et l'autre refuse. Tes espoirs dégringolent ! Tu te retrouves seul, encore plus seul qu'avant, où tu avais au moins l'idée d'un futur possible avec l'autre, une idée qui t'accompagnait et te faisait vivre. Se « prendre un râteau », c'est recevoir la réalité en pleine figure. L'orgueil en prend un coup. C'est courageux, d'avoir osé. Le temps qui passe et les nouvelles personnes que tu rencontreras t'aideront à passer à autre chose. La vie est pleine de surprises, un jour tu aimeras à nouveau — et seras aimé en retour —, c'est certain !

Toutes les histoires d'amour finissent-elles mal ?

Même quand on est ensemble, rien n'est gagné, surtout à l'adolescence. Les vacances se terminent et l'amour avec, on est plus dans la même classe ou on habite trop loin de l'autre... Parfois aussi une relation s'étiole. Il est normal qu'une relation ait ses hauts et ses bas. Si les deux personnes

s'aiment très fort, elles peuvent essayer de la relancer. Mais parfois, l'amour est trop incertain, elles sont trop jeunes pour se fixer, et en grandissant leurs vies prennent des chemins différents...
Un amour qui tourne à vide, il faut savoir le stopper, pour libérer de nouvelles possibilités de vie !

Je suis venu te dire que je m'en vais

Tu te rends compte que tu t'es trompé, tu as besoin de respirer ou de te consacrer plutôt à l'amitié ? Tu veux quitter quelqu'un ? Ce n'est pas facile, ni pour celui qui le dit, ni pour celui qui est quitté. Mais il vaut mieux ne pas trop attendre : poursuivre une relation sans y croire, pour ne pas faire de peine à quelqu'un, cela n'a pas de sens ! Choisis le bon moment pour lui parler, pas juste avant un contrôle très important par exemple. Sois honnête et dis-le le plus délicatement possible...

Ne me quitte pas !

Vous étiez bien ensemble. Tu n'as rien vu venir. Un beau jour, il ou elle t'a dit : « c'est fini ». Même si on avait eu l'intuition que ça n'allait pas durer, le choc est là. Tu te demandes comment tu pourrais « rattraper le coup ». Mais on ne peut pas forcer quelqu'un à nous aimer. Même quand on « a » un amoureux, en fait on ne le possède jamais. L'amour ou son absence nous laisse parfois dans le désarroi, c'est comme ça...

Ne retiens pas tes larmes

Pleurer en silence dans ta chambre ou avec les copains, ça fait du bien. On peut aussi avoir besoin de crier sa douleur ou sa colère. Ça aide à dire au revoir aux gens qu'on a aimés ou qu'on a cru aimer, parce qu'on doit continuer sa vie et les laisser vivre la leur... Quand on se lie à quelqu'un, on prend le risque d'être blessé. C'est pour cela que, surtout au début, il faut y aller doucement dans tes relations d'adolescent. Pour ne pas se brûler les ailes !

L'impact des ex

Les personnes aimées (que tu leur aies avoué ou pas !) ne partent pas aux oubliettes : elles font partie des saisons de ta vie. Peut-être que tu en avais besoin, pour comprendre des choses sur toi ou sur ce que tu attendais d'une relation amoureuse... Que tu sortes ou pas avec quelqu'un, les joies, les peines, les errances et les espérances de l'amour que tu vis aujourd'hui construisent en toi ce qui rend les êtres profondément humains.
Ces aventures intérieures te font avancer sur le chemin d'un amour adulte.

avec **Stéphane Clerget**

pour aller plus loin

> Comment réagir face à quelqu'un qui reste dans l'ambiguïté ?

Certaines personnes hésitent, traînent, tergiversent et sont souvent dans le doute. Si on est sûr de notre amour pour elles, le mieux est de se montrer rassurant et convaincant. Si on a le sentiment que quelqu'un nous met en salle d'attente, il ne faut pas hésiter à aller frapper à la porte pour en savoir un peu plus. Parfois, certaines personnes ne se sentent pas prêtes, et c'est l'insistance de l'autre, le fait qu'il ou elle reste et manifeste un attachement dans la durée qui leur donne confiance. Cet attachement qui a l'air sérieux les rassure.

> Pourquoi certains ont-ils l'impression que leur amour est comme un ballon de baudruche qui se dégonfle peu à peu ?

On peut tellement idéaliser l'amour que, quand on le vit, ce n'est pas forcément à la hauteur de ce qu'on s'était imaginé ! Il est normal que le vécu amoureux évolue au cours d'une histoire. Au début, les deux amoureux s'emballent, ils ne se connaissent pas vraiment et s'aiment donc de façon un peu imaginaire. Au fur et à mesure qu'ils apprennent à se connaître, la vision qu'ils avaient l'un et l'autre peut changer. Confronté à la réalité, le sentiment amoureux peut disparaître. Mais c'est justement à l'épreuve de la réalité que l'on apprend à découvrir le vrai amour !

> Pourquoi une rupture fait-elle souffrir, même si on n'était pas « fou amoureux » ?

C'est souvent parce qu'on a honte. La rupture peut entraîner une mésestime de soi : « Si elle m'a rejeté, c'est que je suis minable. » Dans le cas où l'on aimait l'autre, l'attachement qui nous liait à lui est rompu : ce qu'il nous apportait, le plaisir que l'on avait à être ensemble, tout s'effondre. À deux, certaines de nos qualités étaient mises en lumière par l'autre : c'est la magie de la relation amoureuse. Quand l'autre n'est plus là, elles peuvent retomber dans l'obscurité... On peut perdre également une forme d'assurance que donne le fait d'être deux. Enfin, cela peut réveiller des angoisses profondes et souvent inconscientes : l'angoisse d'être seul au monde, de ne jamais trouver l'amour, ou de se rendre compte que dans la vie beaucoup de choses ne durent pas...

C'est à l'épreuve de la réalité que l'on apprend à découvrir le vrai amour.

> Vivre des chagrins d'amour, est-ce que ça n'abîme pas notre capacité à aimer ?

Après plusieurs déceptions amoureuses, certaines personnes s'engagent moins dans l'amour. Chacun cicatrise plus ou moins bien. Certaines ruptures laissent aussi des traces plus ou moins importantes. Plus tard, on peut aimer à nouveau, mais cet amour ne sera pas forcément de la même couleur que le précédent. Une histoire, puis une rupture nous changent. Quand on aime à nouveau, on aime différemment.

> Après une rupture, vaut-il mieux effacer toutes les traces de la relation ou les conserver ?

Beaucoup de gens ont tendance à tout bazarder. Le problème, c'est qu'en jetant tout ce qui nous reliait à l'autre, on jette aussi une partie de soi. Le mieux serait de tout mettre dans une boîte que l'on met à la cave. Dix ou vingt ans plus tard, on peut être content de la retrouver. Mais si la souffrance est trop forte, jeter les traces de cette relation peut faire du bien, c'est mieux que de se mutiler. La meilleure chose à faire, c'est de s'exprimer : avec des mots, en lui écrivant des lettres qu'on ne lui envoie pas. Il y a beaucoup d'épaules sur lesquelles s'appuyer : on peut embêter ses copains, ses copines, ses parents... cela soulage. On peut aussi lire, écouter de la musique, faire du sport... Tout est bon à prendre.

> Est-ce vrai qu'on se remet plus vite d'un chagrin d'amour à l'adolescence que plus tard ?

Oui, sans doute parce que les ados sont plus souples. La cicatrisation se fait plus vite. Mais il y a aussi moins de parachutes : la douleur est plus vive. C'est pour cela qu'il y a plus de tentatives de suicide à l'adolescence...

> Pourquoi certains en viennent-ils à se mutiler à cause d'un chagrin d'amour ?

La mutilation, c'est le fait de se couper la peau. C'est l'expression sur le corps de la coupure du lien affectif.
C'est aussi une façon de concentrer sur le physique une douleur intérieure très pénible : la douleur physique, on peut la voir, au moins, on sait pourquoi on a mal... Une plaie physique se suture alors qu'une plaie d'amour est beaucoup plus difficile à soigner. De façon plus symbolique, c'est aussi une façon de laisser une trace, de dessiner une tombe de l'amour qui est mort. Voir disparaître totalement un amour, c'est trop insupportable... Bien sûr, la mutilation n'est pas une solution, il faut à tout prix l'éviter et ne pas hésiter à demander de l'aide à un médecin, ou à des adultes qui peuvent prendre soin de nous.

> Quand une relation échoue, cela donne-t-il raison à ceux qui prédisaient cette issue ?

On ne peut pas prédire comment se terminera une histoire d'amour ! Il est vrai que certains adultes, des personnes mûres qui ont l'expérience de la vie et qui nous connaissent suffisamment, peuvent sentir que la relation dans laquelle on se lance est faussée. Mais la vie montre qu'il y a beaucoup de relations dont les autres avaient dit : « Ça ne marchera pas », et qui pourtant durent. L'attitude la plus sage est de débuter une histoire d'amour en acceptant dans sa tête qu'elle puisse s'arrêter.
Et puis, certaines histoires éphémères sont parfois très belles...

Une plaie d'amour est difficile à soigner.

> Pourquoi les « ex » sont-ils parfois violents ou bien collants ?

Parce que le moyen le plus primaire de soulager la douleur est l'agressivité. C'est le moyen qu'utilisent les animaux ou les nouveau-nés, quand ils ne se sentent pas bien. En quittant quelqu'un, il faut donc s'attendre à une agression. Le plus souvent, elle est verbale, mais chez ceux qui ont du mal à dire les choses, l'agression peut être physique.

> Comment réagir face à un « ex » qui nous harcèle ?

Il peut ne pas entendre raison et ne pas arriver à réaliser que la relation est bel et bien finie. Il est donc nécessaire d'être extrêmement clair et ferme.
Il ne faut pas lui laisser croire que des sentiments sont toujours présents. Lui donner de faux espoirs ne ferait qu'entretenir son « déni ». On peut en

parler à ses amis, pour qu'ils l'aident à voir la réalité en face.

> Pourquoi l'amour est-il parfois proche de la haine ?

Parce qu'il y a beaucoup de points communs entre l'amour et la haine : les deux sont des émotions très fortes vis-à-vis de quelqu'un. L'amour est davantage l'envers de la haine, que de l'indifférence. On peut ainsi détester quelqu'un qui ne nous est pas indifférent. Pourquoi ? Parce que des raisons personnelles ou morales nous empêchent de l'aimer, ou bien qu'il ne nous aime pas. Dans ce cas, le détester est une façon de se protéger. Aimer quelqu'un qui ne nous aime pas, cela peut faire souffrir. Comme notre inconscient sent que c'est dangereux, il remplace l'amour par de la haine. Envers une même personne, on peut facilement passer de l'un à l'autre, suivant les moments de la vie.

> Que faire s'il n'y a pas d'amour dans l'air ?

Pas besoin de déprimer si vous n'êtes amoureux de personne autour de vous. L'amour n'est pas obligatoire et ne se trouve pas forcément au collège ! Il ne faut pas hésiter à aller voir ailleurs, en colo, au sport...
On peut aussi donner de l'amour aux autres, cela peut avoir un effet boomerang !

« Un jour, le grand amour ?

on se dit tout

« **Quand on me dit l'amour avec un grand A, je dirais, c'est être à côté de quelqu'un que j'aime vraiment.** Partager un moment avec lui. Il serait en train de lire et moi aussi, la tête sur son épaule. Ça serait des moments magiques comme ça. À l'adolescence, un garçon, on y pense une semaine et on oublie. Ça, c'est des amourettes, ce n'est pas l'amour avec un grand A. Je pense qu'on peut le vivre à partir de 14-15 ans et encore, ça sera fragile. C'est comme un fil fragile qui va se casser si on n'en prend pas soin. On peut le rendre solide en assurant sa fidélité, il faut être à côté de l'autre pendant les problèmes, s'aider, et réconforter l'autre. Si quelqu'un connaît l'amour, qu'il en profite au maximum, parce que ça ne peut pas toujours durer ! C'est quelque chose de magnifique. »

Judith, 12 ans

« *Il serait plutôt brun, plutôt mat, plutôt doux, intelligent, attentionné, je voudrais qu'il me fasse rire, qu'il me comprenne et comprenne ma culture. Si je trouve un homme comme ça, ce sera l'homme de ma vie ! Dans l'idéal, je voudrais le rencontrer quand j'aurai 20 ans, je ne suis pas pressée, parce qu'avec mes études je n'ai pas trop le temps de penser à ça. L'amour pourrait me détourner de mes études. A mon avis, quand on est avec un garçon, on y est à fond. Pour le moment ça ne me fait pas envie. J'aime beaucoup les films à l'eau de rose, je préfère voir ça comme un conte de fées. Dans les films, on voit que ça arrive comme un coup de foudre, je n'en ai jamais vécu un, ça fait envie.* »

Élise, 14 ans

« Le prince charmant, c'est trop ! Il faut quelqu'un qui soit à l'écoute, qui protège, et qui soit fidèle. Mais il ne faut pas qu'il soit parfait ! Je ne crois pas trop à cette notion de prince charmant. C'est la personne faite pour soi, en fait. Il y a sûrement quelqu'un qui pourrait m'aller mais il y a peu de chances de le trouver parce que le monde est grand. Il peut être n'importe où mon "prince charmant" ! Quand j'entends quelqu'un qui me dit "J'accumule petit ami sur petit ami", moi qui n'en ai jamais eu, j'ai bien envie d'en avoir un, pour être câlinée. J'ai des amis, donc ce n'est pas que je ne suis pas aimée. Mais pour l'instant, personne ne m'a dit qu'il m'aimait... »

Laurie, 14 ans

« J'ai l'impression qu'il me manque quelque chose d'essentiel. J'ai envie de partager ma vie avec quelqu'un mais je sais que ça ne sert à rien de se presser. il faut attendre des jours, des semaines ou même des mois... Mais lorsque je trouverai le grand amour, ça sera pour la vie. »

Nicolas, 15 ans

« Au collège, les relations durent quelques mois, quelques semaines. Beaucoup qui sortent ensemble ne sont pas vraiment amoureux. C'est rare, les vraies histoires d'amour au collège ! Quand on est jeune, on veut en profiter. C'est dur de savoir si on aime l'autre ou si l'autre nous aime. Moi, je ne sais pas toujours. Une fois, je le savais, parce que quand j'étais avec lui – je ne sais pas comment l'expliquer – c'était une évidence. Mais il m'a laissée et il ne m'a pas expliqué les raisons. J'ai l'impression que, parfois, certains se lassent vite... Souvent, on se dit que comme c'est le seul qui nous plaît, que c'est l'homme de notre vie. Quand on ne peut pas l'avoir, on en fait tout un drame. Mais ce n'est pas très sérieux en général. Une vraie relation amoureuse, il faut de la confiance, de la sexualité, il faut se plaire l'un à l'autre, être proche, être fidèle. »

Anne, 14 ans

la réponse de Noélie

un jardin à cultiver

L'amour, au collège, on en rêve, on en papote, on en rit, on s'y essaye… Mais il reste un mystère, qu'on n'a pas envie d'abîmer par des paroles trop vulgaires. Ce sera comment, aimer quand tu seras plus « grand » ? Y a-t-il une seule façon d'aimer, de vivre en couple ? Trouve-t-on l'amour une fois pour toutes ? Que l'on en vive plusieurs ou un seul, l'amour donne sens à notre vie !

Attention, fragile !

L'amour, tu peux le voir comme un sentiment pur et grand qui envahit le cœur de deux personnes, liées de façon très intense. Au collège, on flirte, dans l'excitation de la découverte des relations garçons-filles, on se laisse envahir par les premiers émois amoureux. Mais face à un amour très profond, deux ados sont comme deux enfants qui ne sauraient pas très bien y faire et auraient peur de briser ce cadeau tombé entre leurs mains. Se rendre compte de la beauté fragile de l'amour est déjà un grand pas !

En chemin…

Au fond de nous, depuis tout petit, l'appel de l'amour est plus fort que tout. Mais quel amour ? À ton âge, tu vois bien que tu n'es pas encore comme ce grand cousin qui a trouvé une jeune femme avec qui il se marie, ou comme ces grands-parents qui s'aiment comme au premier jour. Cette complicité qui les unit et cette lumière qui éclaire leurs yeux

donnent une image de ce que peut être la dignité de l'amour. Il est normal de ne pas en être encore là ! L'amour est un long chemin, que l'on découvre étape après étape. Et pour cela, chaque âge est très précieux...

Un cadeau offert par la vie

Un jour – quand ta puberté sera achevée, ta personnalité plus construite, ou que tu seras adulte –, tu rencontreras peut-être quelqu'un. Tu ne sauras pas pourquoi, mais sa voix, sa démarche, sa façon de penser, rejoindront des choses très profondes au fond de toi et te donneront confiance. Il ou elle sera assez semblable à toi pour que vous vous compreniez, assez différent(e) pour que vous ayez à vous découvrir. Vous aurez l'impression de vous compléter. Peut-être alors aurez-vous envie d'avancer ensemble sur le chemin de votre vie ? Partager des choses à deux, ce sera fabuleux.

Un trésor à faire grandir

Cet amour sera votre jardin secret. Il ne vous sera pas donné une fois pour toutes, prêt à être cueilli ! Il vous faudra le faire grandir, au risque de le voir s'affadir... Pour le faire durer, vous devrez accorder vos violons, et tisser ensemble une relation au jour le jour. Vous apprendrez à faire circuler l'amour entre vous dans les toutes petites choses de la vie, sous forme d'attentions, de gentillesses, de tendresse, de dialogue de vos corps, de petits actes gratuits... de taquineries aussi. L'humour est un ingrédient très utile pour alléger l'amour !

Des difficultés à surmonter

Ce ne sera pas tous les jours facile. L'amour est un parcours semé d'embûches ! Vous devrez apprendre à vous parler, à vous écouter, à ne pas vouloir changer l'autre, mais à l'accepter tel qu'il est, à vous réconcilier en cas de dispute. Vous ne vous comprendrez pas toujours. Votre amour ne sera pas parfait. Peut-être même que, parfois, vous ne le sentirez plus.

Vous traverserez des tempêtes, mais si vous êtes deux à y mettre de l'ardeur, le printemps pourra refleurir. L'amour n'est pas un conte de fées ! C'est parfois moins bien, souvent mieux... Cela demande parfois du courage. Mais si on arrive à vaincre ensemble les difficultés, le lien en ressort plus fort.

L'amour est un parcours semé d'embûches. Vous devrez apprendre à vous parler, à vous écouter...

« Je t'aime »

En grandissant, tu te rendras compte que dire « je t'aime » peut avoir différentes significations.
Ça peut vouloir dire « tu me procures beaucoup d'émotions », « je te veux », « c'est cool que tu m'aimes ! ». Ou encore « je te protège », « je te fais confiance », « je veux te rendre heureux ».
Un « je t'aime » fait vivre, n'emprisonne pas l'autre dans la cage de ton amour, mais lui laisse sa liberté. Parfois, tu oublieras de le dire, ou même, tu auras plutôt envie de dire « je te hais » !
Répétée par habitude, cette parole peut aussi ne plus rien signifier du tout. En fait, un vrai « je t'aime » n'est jamais acquis une fois pour toutes.

Les fruits de l'amour

En amour, tu ne diras plus seulement « je », mais aussi « nous »...
Cela te donnera peut-être le courage de grandir, de dépasser tes peurs, de surmonter tes défauts. Sous le regard de quelqu'un qui t'aime vraiment, tu te sentiras exister.
Cela te rendra beau ou belle ! L'amour peut inciter à se recroqueviller sur soi... ou bien à s'ouvrir, sur l'extérieur et sur l'avenir ! En général, s'aimer donne envie de faire des projets. Ce peut être d'accueillir un enfant et de lui transmettre la vie : issu de vous deux, il deviendra lui-même ! Mais si l'on n'en a pas envie, rien n'est obligé...

Pour la vie ?

Certains décident de s'engager dans le mariage. C'est un risque un peu fou, un saut où l'on promet : « Je m'engage à t'aimer et à te rester fidèle toute ma vie. » Certains le font devant la société, à la mairie. D'autres le font aussi devant Dieu. Dans plusieurs religions, des hommes et des femmes pensent que Dieu peut bénir leur amour, ils donnent une dimension « sacrée » à cet amour qui les unit et qui les dépasse. Par exemple, pour les chrétiens, Dieu est la source d'un amour infini, dans lequel ils puisent pour essayer de s'aimer toujours mieux, malgré les difficultés de la vie.

Pas de schéma unique !

Inutile de voir l'amour de façon trop idyllique ! Pour que cela fonctionne, les personnes doivent vraiment le décider. On peut mettre du temps pour trouver la bonne personne.
Et même quand on se lance, ça ne marche pas toujours...
Certains se séparent ou divorcent. Même si ça fait souffrir, c'est parfois la meilleure solution pour continuer à vivre, dans la paix.
Si tes parents sont dans ce cas, sache que tu restes toujours leur enfant et qu'ils continuent à t'aimer...
Enfin, l'amour des romans et des films, on peut ne pas en avoir tellement envie, ou ne pas le trouver. Cela ne signifie pas qu'on rate sa vie !

La chose la plus importante au monde...

Il y a autant de façons de vivre l'amour que de personnes sur terre.
Heureusement, on a toute une vie pour apprendre à aimer... Tu peux aussi donner de l'amour tout autour de toi. Avec tes parents, tes amis, ton amoureux(se), ou même l'oiseau qui vient te réclamer une petite miette de pain. De l'amour, tu peux aussi en mettre dans tout ce que tu fais : un art dans lequel tu t'exprimes, ton travail, une idée pour laquelle tu as envie de te battre.
L'amour, ça se vit, en actes et avec vérité. C'est cela qui rend heureux ! Menée par l'amour, ta vie prendra plus de sens, elle deviendra plus belle...

avec **Stéphane Clerget**

pour aller plus loin

> Que veut dire l'expression « le grand amour » ? Y en aurait-il de petits ?

Oui, si on parle de « grand amour », c'est par comparaison aux autres. Si on a été amoureux une seule fois, on peut se dire : « C'est le grand amour ! » Tous les premiers amours sont de grands amours, car ils nous occupent tout entiers. Mais ce n'est que plus tard, par comparaison, qu'on peut savoir si un amour est un grand amour. Il est grand dans son intensité et dans l'impact qu'il a sur notre existence.

> Pourquoi faut-il attendre pour vivre cet amour ?

Au collège, on ne tombe pas forcément amoureux. Et même si on ressent des choses très fortes, on n'aime pas forcément l'autre pleinement. Pour en être capable, il faut déjà bien se connaître soi-même. Bien sûr, certains jeunes forment un couple qui dure ; mais savoir faire un vrai choix, puis protéger le couple, être attentif à l'autre sans s'oublier non plus, cela demande une maturité qui est rare quand on est un jeune adolescent.

> Comment peut-on sentir au fond de soi cet amour très beau et très grand, alors qu'on ne le connaît pas encore ? Ce désir est-il inscrit en l'être humain ?

Oui, pour peu que l'on ait été aimé quand on était enfant. Un nouveau-né peut aimer très intensément ses parents. Le grand amour trouve ses racines dans cet amour premier de nos parents pour nous et de nous pour nos parents : l'autre apparaît central dans notre existence, sa présence nous procure automatiquement un bien-être, et on a l'impression d'être entier avec lui. Sauf qu'un bébé ne peut pas s'occuper de ses parents. Dans un amour « adulte », les deux personnes prennent soin l'une de l'autre, c'est à double sens.

> Comment savoir qu'une personne est faite pour nous ?

On ne peut pas le savoir au préalable, mais on peut le croire, faire ce pari et se lancer. Un peu comme dans la foi religieuse : on ne peut pas « savoir » que Dieu existe, le prouver, on peut seulement y « croire »...
Quand on imagine des critères précis qui définissent la personne que l'on aimera, cela complique les choses : on risque de ne pas trouver quelqu'un qui entre dans ces critères. De plus, ils correspondent à notre raisonnement, notre volonté... mais pas forcément aux désirs de notre cœur. L'amour, c'est aussi se laisser surprendre !

> Alors, est-ce l'évidence qui s'impose à nous ?

On dit souvent : « Écoute ton cœur... » Mais c'est difficile, car un ressenti immédiat extrêmement intense ne signifie pas forcément qu'il s'agit de la personne avec qui on arrivera à tisser une relation qui dure. Nos sentiments s'imposent à nous, mais on a une capacité de choix : on ne s'engage pas forcément avec la personne qu'on a aimée le plus passionnément, on peut choisir celle avec qui on se sent bien, grandi, plus fort et rassuré. Mais si le choix est fondé uniquement sur des critères raisonnables, il est difficile que l'amour tienne longtemps.
Pour vivre avec quelqu'un, il faut une attirance physique, intellectuelle et émotionnelle, ainsi qu'une amitié et une estime mutuelles.

Tous les premiers amours sont des grands amours, car ils nous occupent tout entiers.

> Pourquoi deux personnes qui s'aiment partent vivre sous le même toit ?

Comme tous les animaux à sang chaud, nous avons besoin de contact physique avec les gens qu'on aime, la solitude nous est insupportable. Vivre sous le même toit, c'est permettre ce contact-là. Le toit a aussi une dimension symbolique : il est un abri, l'abri de nos sentiments et de nos émotions. Et puis, étant dans le même espace, on fait cause commune : on protège ensemble un territoire, qui est la métaphore de l'union du couple.

> Pourquoi l'adolescence est-elle l'âge des passions ? Est-ce une façon d'attendre le grand amour ?

Une passion est un centre d'intérêt exclusif qui met de côté tous les autres désirs.
En général, l'adolescence est l'âge où la passion est le plus intense. Comme ils quittent la dépendance vis-à-vis des parents, certains se placent sous celle d'un produit toxique comme la cigarette, ou deviennent dépendants au travail, à la nourriture...
Autant de dépendances qui détournent de la relation amoureuse, qui est plutôt une relation d'« interdépendance » : les amoureux ont besoin l'un de l'autre ! Mais on peut multiplier les dépendances à tous les domaines qui sont utiles au développement de notre personnalité : dépendance à l'amitié, au sport, à une collection, au cinéma, au théâtre ! C'est une façon de sublimer et de déplacer l'énergie amoureuse dans un autre domaine. Cela peut même ramener à l'amour, si notre passion nous permet de rencontrer quelqu'un qui la partage !

> Est-ce possible d'aimer une même personne toute sa vie ?

Il est vrai qu'aujourd'hui c'est rare, surtout que nous vivons de plus en plus longtemps. L'amour est soumis à beaucoup d'aléas : les difficultés de la vie quotidienne, le fait que chacun des deux évolue, change de goûts, d'allure physique... Aimer quelqu'un, c'est comme si, chaque jour, on choisissait de se remarier avec lui. On peut retomber amoureux l'un de l'autre, au fil des années ! On peut aimer quelqu'un toute sa vie, mais pour des raisons différentes...

Un jour, quand on se sent prêt, on s'engage dans une relation d'amour.

> Peut-on passer à côté de l'amour ?

On apprend l'amour tout petit, on commence dès qu'on naît. La vie est longue ! Ce n'est pas parce qu'on ne rencontre pas l'amour tout de suite qu'on ne le rencontrera pas un jour. L'amour peut naître à tout âge. Pour trouver celui ou celle que l'on aime, il faudra peut-être chercher loin ou, à l'inverse, savoir regarder juste à côté de soi...

> L'amour adulte, quand on est ado, cela peut aussi faire peur !

Certains collégiens peuvent croire que l'avenir est terrible, à cause des discours des adultes autour d'eux. Ou à cause du modèle de leurs parents, qu'ils jugent négatif. Mais ce n'est pas parce que des parents n'ont pas réussi certaines choses qu'ils n'ont pas transmis à leur enfant ce dont il a besoin pour réussir. Il faut croire en soi, en ses capacités non exploitées, c'est ce qui fait avancer ! À l'adolescence, la construction n'est pas achevée, on a encore des potentialités qui ne demandent qu'à s'épanouir. Certains peuvent aussi avoir peur de quitter leur enfance, parce qu'ils sentent l'angoisse de leurs parents à l'idée de voir leur enfant partir, ou que l'inconnu les effraye. Mais la vie passe ! Tout en vivant protégé et en aimant ses parents, il faut oser aller de l'avant, rencontrer des gens nouveaux, expérimenter des activités, réfléchir à ce qu'on aimerait être plus tard... Un jour, quand on se sent prêt, on s'engage dans une relation d'amour ; c'est bien, dans la vie, d'avoir le courage de s'engager !

index

table des matières

Crédits photographiques

Les ados, p. 3, 6, 16, 28, 38, 48, 58, 68, 80, 90, 102, 112, 122, 132, 142, 143 et 4e de couverture (de gauche à droite) : C Quenum – Fotolia.com, Maciek Lazecki – Fotolia.com, mrslevite – Fotolia.com, Eduard Titov – Fotolia.com, Philip Date – Fotolia.com. Noélie Viallet, p. 3, 8, 18, 30, 40, 50, 60, 70, 82, 92, 104, 114, 124, 134, 143 et 4e de couverture : DR. Stéphane Clerget, p. 3, 10, 20, 32, 42, 52, 64, 72, 84, 96, 106, 116, 126, 138, 142 et 4e de couverture : Agence Opale/C. Gugelmann.

Graphisme : Stéphanie de Vaucher.

ISBN : 978-2-7470-2067-1 - Dépôt légal : mars 2010

Loi 49-956 du 16 juillet 1949 sur les publications destinées à la jeunesse.